Eu, _____, dedico este livro a(o)_____.

Que o "Mestre dos Mestres" lhe ensine que nas falhas e lágrimas se esculpe a sabedoria.

Que o "Mestre da Sensibilidade" lhe ensine a contemplar as coisas simples e a navegar nas águas da emoção.

Que o "Mestre da Vida" lhe ensine a não ter medo de viver e a superar os momentos mais difíceis da sua história.

Que o "Mestre do Amor" lhe ensine que a vida é o maior espetáculo no teatro da existência.

Que o "Mestre Inesquecível" lhe ensine que os fracos julgam e desistem, enquanto os fortes compreendem e têm esperança.

Não somos perfeitos. Decepções, frustrações e perdas sempre acontecerão.

Mas Deus é o artesão do espírito e da alma humana. Não tenha medo.

Depois da mais longa noite surgirá o mais belo amanhecer. Espere-o.

O MESTRE INESQUECÍVEL

ANÁLISE DA INTELIGÊNCIA DE CRISTO - 5

AUGUSTO CURY

O MESTRE INESQUECÍVEL

JESUS, O MAIOR FORMADOR
DE PENSADORES DA HISTÓRIA

Copyright © 2006 por Augusto Jorge Cury
Todos os direitos reservados.

edição: Regina da Veiga Pereira
revisão: Ana Grillo, José Tedin Pinto,
Sérgio Bellinello Soares e Tereza da Rocha
projeto gráfico: DTPhoenix Editorial
diagramação: Gustavo Cardozo
capa: Filipa Pinto
imagem de capa: Sebastien Bessette/ Shutterstock
impressão e acabamento: Lis Gráfica e Editora Ltda.

CIP-BRASIL. CATALOGAÇÃO NA PUBLICAÇÃO
SINDICATO NACIONAL DOS EDITORES DE LIVROS, RJ

C988m   Cury, Augusto, 1958-
           O mestre inesquecível / Augusto Cury. Rio de Janeiro: Sextante, 2020.
           192 p.;14 x 21 cm. (Análise da inteligência de Cristo; 5)

           ISBN 978-65-5564-053-3

           1. Emoções. 2. Jesus Cristo - Personalidade e missão. 3. Apóstolos - Personalidade e missão. 4. Jesus Cristo - Ensinamentos. 5. Apóstolos - Ensinamentos. I. Título. II. Série.

20-65526   CDD: 152.4
                                                                    CDU: 159.942

Todos os direitos reservados por
GMT Editores Ltda.
Rua Voluntários da Pátria, 45 – Gr. 1.404 – Botafogo
22270-000 – Rio de Janeiro – RJ
Tel.: (21) 2538-4100 – Fax: (21) 2286-9244
E-mail: atendimento@sextante.com.br
www.sextante.com.br

Ele foi o maior educador da história. Transformou o árido solo da personalidade humana num jardim de sonhos.

Sumário

Prefácio 11

Capítulo 1
Características intrigantes da personalidade de Cristo 15

Capítulo 2
Um convite chocante, um chamado irresistível 28

Capítulo 3
A personalidade dos discípulos 38

Capítulo 4
O vendedor de sonhos 54

Capítulo 5
O coração dos discípulos: os solos da alma humana 73

Capítulo 6
Transformando a personalidade: a metodologia
e os principais laboratórios e lições 88

Capítulo 7
Judas: antes e depois do mestre *110*

Capítulo 8
Pedro: antes e depois do mestre – o processo
de transformação *127*

Capítulo 9
João: antes e depois do mestre – o processo
de transformação *139*

Capítulo 10
Paulo: a mais fantástica reedição das matrizes
da personalidade *152*

Capítulo 11
Uma carta de amor: o final da história dos discípulos *164*

Prefácio

Encerro esta coleção agradecendo a todos os leitores de todos os lugares do mundo em que estes livros estão sendo publicados. Padres e freiras disseram que suas vidas nunca mais serão as mesmas. Pastores se libertaram de transtornos emocionais e vêm ajudando milhares de pessoas com seus discursos teológicos.

Psicólogos têm recomendado os livros para pacientes com síndrome do pânico e estresse. Psiquiatras os recomendam para pacientes deprimidos. Professores universitários os têm adotado em faculdades de psicologia, direito, pedagogia, administração, serviço social e outras.

Budistas e islamitas estão encantados com a inteligência de Cristo e têm utilizado estes livros como manual de vida. Pessoas de todas as classes, de empresários a faxineiros, de intelectuais a pessoas de baixa escolaridade, ampliaram suas vidas ao descobrir a grandeza da humanidade de Jesus Cristo.

Mas é provável que eu tenha sido o mais ajudado durante esses estudos. Aprendi muito como psiquiatra, como cientista da psicologia e, principalmente, como ser humano. Cada vez que analiso os segredos do funcionamento da mente e procuro, a partir dessa análise, compreender a personalidade de Cristo, percebo como nossa ciência ainda é pequena. A ciência falhou em não estudá-lo. Como comentei nos outros livros da coleção, apesar de ser a pessoa mais famosa da terra, Jesus Cristo é também a mais desconhecida.

Aprendi com o Mestre dos Mestres que a arte de pensar é o tesouro dos sábios. Aprendi um pouco mais a pensar antes de reagir, a expor – e não impor – minhas ideias e a entender que cada pessoa é um ser único no palco da existência.

Aprendi com o Mestre da Sensibilidade a navegar nas águas da emoção, a não ter medo da dor, a procurar um profundo significado para a vida e a perceber que nas coisas mais simples e anônimas se escondem os segredos da felicidade.

Aprendi com o Mestre da Vida que viver é uma experiência única, belíssima, mas brevíssima. E, por saber que a vida passa tão rápido, sinto necessidade de compreender minhas limitações e aproveitar cada lágrima, sorriso, sucesso e fracasso como uma oportunidade preciosa para crescer.

Aprendi com o Mestre do Amor que a vida sem amor é um livro sem letras, uma primavera sem flores, uma pintura sem cores. Aprendi que o amor acalma a emoção, tranquiliza o pensamento, incendeia a motivação, rompe obstáculos intransponíveis e faz da vida uma agradável aventura, sem tédio, angústia ou solidão. Por tudo isso, Jesus Cristo se tornou, para mim, um Mestre Inesquecível.

Hoje, meus livros são publicados em mais de 40 países e tenho sido um autor muito lido, mas isso não me deixa orgulhoso, pois aprendi com a inteligência de Cristo que a grandeza do ser humano está diretamente relacionada à sua capacidade de se fazer pequeno. Quem perdeu a capacidade de se esvaziar deixou de aprender, deixou de pensar.

Depois que descobri a personalidade da pessoa mais surpreendente que já pisou nesta terra, não consigo deixar de me encantar com ela. Esta coleção nem de longe esgota o assunto. É possível que escreva outros livros sobre Jesus, pois ele esconde os tesouros mais excelentes da inteligência espiritual, multifocal, emocional, interpessoal, lógica e intrapsíquica.

Agora, neste último livro, estudaremos a face de Jesus como mestre, como educador e artesão da personalidade. Retomarei o início da sua jornada desde seu encontro com João Batista e quando chamou alguns jovens galileus para o seguirem. Comentarei assuntos já tratados nos livros desta coleção, mas aqui analisarei fatos e eventos na perspectiva do desenvolvimento da inteligência dos seus discípulos.

Cientistas, empresários e políticos que dedicaram suas vidas apenas a um projeto temporal, ao morrerem, alojaram sua esperança no espaço pequeno e frio de um túmulo. Os discípulos do Mestre Inesquecível entregaram suas vidas a um sonho que transcende o mundo físico – o sonho de viver intensamente na terra e na eternidade.

Os discípulos tinham muitos problemas, eram homens frágeis que erravam muito. Mas o sonho do Mestre dos Mestres os controlava. Sob seu cuidado, aprenderam a amar a vida e cada ser humano. Viram algo além da cortina do tempo. Quando fecharmos definitivamente nossos olhos, verificaremos se eles tinham ou não razão. A morte pode nos reservar mais surpresas do que a própria vida.

A educação no mundo todo está em crise. Formamos repetidores de informações, e não pensadores. Até entre os mestres e doutores raramente encontramos criadores brilhantes de ideias originais. A falência da educação exaltou a psiquiatria. Sempre houve transtornos emocionais na história, mas nunca nos níveis e na intensidade a que estamos assistindo.

Estudaremos neste livro uma pessoa que inaugurou a mais excelente educação e o mais notável processo de transformação da personalidade. Analisarei a personalidade dos discípulos antes e depois de seu convívio com Jesus. Os segredos do Mestre dos Mestres poderão ampliar os horizontes da psiquiatria, da psicologia e das ciências da educação.

Compreenderemos por que ele escolheu pessoas tão despreparadas, incultas e cheias de conflitos emocionais, e como as transformou em excelentes pensadores que revolucionaram a história.

Embora este livro seja um estudo de filosofia e psicologia, o leitor também encontrará referências a trechos do Antigo e do Novo Testamento, com indicação do autor, do capítulo e versículo em que se encontram. Sugiro que, independentemente de sua crença, você tenha uma Bíblia ao alcance da mão. A leitura destes textos, no quadro mais amplo em que se apresentam, promoverá um conhecimento maior dessa figura única e fascinante que com suas palavras, gestos e atitudes revolucionou o mundo e o espírito humano.

Augusto Cury

CAPÍTULO I

Características intrigantes da personalidade de Cristo

Os sonhos surpreendentes de um homem que viveu no deserto

Há muitos séculos, um homem estranho viveu na terra seca e sem esperança do deserto. Sua veste era bizarra, feita de pele de animal. Sua dieta, mais estranha ainda, compunha-se de insetos e da doçura do mel. Sua pele estava seca, desidratada, maltratada pelo sol, pelo vento e pela poeira. Os cabelos eram revoltos; a barba, longa e cheia de espículas.

O vento era seu companheiro. Dera as costas à civilização desde a mais tenra infância. Estava preparado para morrer, e seus ossos seriam abandonados em um canto perdido. Mas o estranho homem do deserto sonhava como qualquer ser humano. Um sonho tão grande, que lhe roubava a tranquilidade. Sonhava com alguém que não apenas conhecia os conflitos e as misérias sociais, mas que mudaria o mundo.

Certo dia, parou de sonhar e começou a agir. Saiu da secura do deserto e se aproximou da brisa de um rio. Em suas margens, ele começou a falar do homem dos seus sonhos e das mazelas humanas. Para surpresa de todos, era eloquente e ousado. Falava aos gritos. As pessoas tremiam ao ouvi-lo. Suas palavras, no entanto, não aquietavam a alma, pois expunham as feridas. Ele criticava os erros, as injustiças, a manipulação dos pequenos pelos grandes, a hipocrisia religiosa.

Os fariseus, famosos por serem moralistas e versados na lei de Deus, ficaram abalados com seu discurso. Esse homem bizarro julgava falsa a postura religiosa reinante. Ninguém jamais ousara tal coisa, mas o homem do deserto não tinha compromisso com a sociedade. Não sabia o que era status social, não possuía interesses subjacentes, queria apenas ser fiel aos seus sonhos. Dizia aos líderes religiosos que eles eram carrascos, pois aprisionavam as pessoas no mundo mesquinho das suas vaidades e verdades.

Pela primeira vez na história, alguém chamou a casta mais nobre de religiosos de raça de víboras: belos por fora, mas venenosos por dentro (*Mateus 3:7*). Eles não se importavam com as lágrimas dos menos favorecidos. Faltava-lhes amor por cada miserável da sociedade. Só amavam a si mesmos.

O homem do deserto era tão ousado que não poupou nem mesmo o violento governador daquelas terras: Herodes Antipas. Tal ousadia lhe custou caro. Não demorou muito, foi decapitado (*Mateus 14:10*). Mas ele pouco se importava de morrer, queria apenas manter-se fiel à sua consciência. Seu nome era João, o batista. Por fora era mais um João; por dentro, um homem que queria virar o mundo de cabeça para baixo. Inaugurou a era da honestidade da consciência. Uma era que há muito se perdeu, mormente nos dias atuais, em que a aparência vale mais do que o conteúdo. O ser humano pode estar podre por dentro, mas, se tiver fama e dinheiro, é valorizado.

Usando apenas a ferramenta das ideias, João afrontou o impermeável sistema religioso judaico e o intocável Império Romano. Suas ideias contagiaram muitos. Dos grandes aos pequenos, as pessoas de toda a Judeia, da Galileia e de Jerusalém afluíam para ouvi-lo nas margens do rio Jordão. Suas palavras mudavam a mente das pessoas e abriam o leque dos seus pensamentos. Persuadidas por ele, elas entravam nas águas do Jordão e saíam de lá para escrever uma nova história. Chamado de batismo, este gesto revelava um simbolismo psicológico fascinante, uma mudança de rota existencial a partir do mergulho nas águas cristalinas de um rio. Gotas de esperança escorriam pela alma das pessoas enquanto gotas de água percorriam os vincos do rosto. O sorriso havia voltado.

O homem dos seus sonhos: o marketing pessoal

As multidões ficavam fascinadas com os intrépidos discursos de João. Quando todos o valorizavam e enalteciam suas ideias, veio a grande surpresa. João mencionou, enfim, o homem dos seus sonhos. O homem que por noites a fio ocupara o palco de sua mente. Todos ficaram paralisados com suas palavras. Haveria alguém maior do que o corajoso João?

Para surpresa dos seus ouvintes, ele disse algo assombroso sobre o homem dos seus sonhos. Afirmou que essa pessoa era tão grande que ele não era digno de desatar-lhe as correias das sandálias (*Lucas 3:16*). Que homem era esse a quem o destemido João deu um status que nenhum rei jamais tivera?

No seu conceito, aquele que durante décadas ele aguardava no deserto, e que não conhecia pessoalmente, era o Filho do Deus Altíssimo visitando a humanidade. O Autor da existência enviara seu filho para ter a mais enigmática experiência. Viera vivenciar a vida humana e esquadrinhar cada espaço da emoção, cada área das mentes, cada beco do consciente e do inconsciente humanos.

O homem do deserto não tinha medo de nada e de ninguém. Ele sabia que, por confrontar sem armas e publicamente o sistema político e religioso, poderia morrer a qualquer momento.

Mas esse medo não o perturbava. Quando citava o homem dos seus sonhos, ele mostrava o outro lado da sua personalidade: uma reverência fascinante. Ele postulava para si apenas o papel de propagador de um homem que viera resgatar a humanidade e mudá-la para sempre. As palavras de João abriam as comportas da imaginação dos seus ouvintes.

Algumas pessoas, enviadas pelos sacerdotes e fariseus, perguntaram a João quem ele era. Sua resposta foi enigmática e confundiu todos: *"Eu sou a voz que clama no deserto, endireitai o caminho do Senhor"* (*João 1:23*). Por que o "Senhor", que os israelitas julgavam ser o Deus Onipotente, precisaria de um ser humano, e sobretudo de um homem estranho e sem cultura, para lhe preparar o caminho?

João nascera e crescera fora do sistema social. Não estava contaminado pelas vaidades, arrogâncias e injustiças do sistema, que o rejeitou e o condenou veementemente. O caminho que ele fora incumbido de preparar não era físico. Era o caminho do coração e do espírito humanos. João era um trator sem freios que tinha vindo arar os solos empedernidos da alma humana, preparando-os para receber o mais fantástico, delicado e gentil semeador: Jesus de Nazaré.

Para Jesus, a humanidade não era um projeto falido. Apesar das guerras, dos estupros, dos assassinatos, da violência e das loucuras sociais marcarem negativamente a humanidade, ele investiu toda a sua vida nesse projeto. O Mestre da Vida queria atingir um estágio onde os tranquilizantes e antidepressivos mais modernos não conseguem atuar.

Ele não veio reformar o ser humano, dar um manual de conduta ou produzir uma paz temporária. Ele veio produzir um ser novo. Ninguém teve uma ambição tão grande. Jamais alguém apostou tanto em nós.

A imagem formada no inconsciente coletivo

Tempos depois da morte de João, Jesus o elogiou eloquentemente. Disse aos seus discípulos que, entre os nascidos de mulher, ninguém havia sido igual a ele em capacidade, coragem, determinação, paciência e na utilização do psicológico para vencer a dureza da alma humana (*Mateus 11:11*).

Antes de Jesus aparecer, os ouvintes de João imaginavam como seria o Messias, o "ungido" de Deus que libertaria o ser humano do seu cativeiro exterior e interior. Sete séculos antes, o respeitado profeta Isaías anunciara a vinda do Messias. Mas o tempo passou e muitas gerações morreram sem vê-lo. As palavras de Isaías se transformaram em um delírio para Israel. O povo sonhava com um grande Messias que o viesse libertar da escravidão e da submissão a Roma.

De todas as nações, Israel era a única que não se submetia facilmente ao controle romano, exigindo por isso um cuidado especial. O povo fazia frequentes motins, e o Império reagia com violência. As palavras de João Batista alimentavam o ardente desejo de liberdade. Cada uma de suas frases era registrada no centro da memória dos seus ouvintes, gerando no inconsciente coletivo a imagem idealizada de um herói poderoso.

O homem dos sonhos de João se tornou o homem dos sonhos de milhares de pessoas. Castigadas pela fome e doentes na alma, as pessoas ansiavam conhecê-lo. A dor criou uma esperança apaixonante pela visão de dias felizes que iriam se concretizar.

João representava os frágeis raios solares que inauguram o mais belo amanhecer. Depois de uma longa noite de medo e insegurança, muitos judeus voltaram a sorrir. Mas o tempo passava e o Messias anunciado não aparecia. Expectativas intensas geram três consequências. Se não se realizam, criam frustração. Se são correspondidas, dão prazer. Se a realização ultrapassa o que foi gravado no inconsciente, geram exultação.

O que Jesus provocou? Os dois extremos. Frustração, porque não se colocou como um herói poderoso, mas como filho do homem. E exultação, porque nunca alguém fez o que ele fez ou falou o que ele falou.

O grande e singelo aparecimento

Pensar não é uma opção nossa, mas uma atividade inevitável. Ninguém consegue parar de pensar; apenas pode desacelerar o pensamento. Até a tentativa de interromper o pensamento já é um pensamento. Nem quando dormimos os pensamentos abandonam nossa mente. Por isso sonhamos. Todos os dias produzimos milhares de pensamentos.

João crescera no deserto. Tinha contato com poucas pessoas, mas devia pensar muito. Seus pensamentos estavam saturados de expectativas sobre Jesus, uma pessoa que ele não conhecia. Era seu primo, mas tinham crescido separados desde que Maria e José fugiram para o Egito e depois voltaram para a cidade de Nazaré, na Galileia (*Mateus 2:14*). João ansiava por conhecê-lo.

Quanto tempo você espera para que um sonho se concretize? Uns abandonam os sonhos assim que se defrontam com problemas. Outros têm os sonhos mais arraigados dentro de si, mas, quando atravessam o vale das frustrações, os enterram com lágrimas. João esperou três décadas para que seu sonho se concretizasse. Quantas noites frias, desencantos e momentos de angústia não teria experimentado. Trinta anos de calor, poeira e sequidão não o fizeram desanimar.

João amava quem não conhecia. Em meio a tantas expectativas, uma dúvida surgiu: como identificá-lo quando ele se aproximar? Virá como um grande rei, com uma imponente comitiva? Suas vestes serão tecidas com fios de ouro para contrastar com as vestes do seu precursor?

As semanas se passavam, e a multidão aumentava nas margens do Jordão. Inquietos, alguns se perguntavam: "Será que João está alucinando?"

Um dia apareceu discretamente um homem. Parecia mais um entre os milhares. Nada o diferenciava dos demais. Suas vestes eram comuns, não vinha acompanhado de uma escolta. Seus movimentos eram delicados e não revelavam o poder de um rei, mas a fineza de um poeta. Não chamava a atenção de ninguém. Sem dúvida, seria mais um sedento para ouvir as palavras eloquentes do homem do deserto.

Mas esse homem foi abrindo espaço na multidão. Tocava os ombros das pessoas e pedia licença com um sorriso. Sutilmente foi se aproximando. Não podia ser o Messias proclamado por João, pois em nada parecia com a imagem que as pessoas fizeram dele no inconsciente. Esperavam alguém supra-humano, mas aquele era tão normal. Esperavam um homem com o semblante de um rei, mas seu rosto era queimado de sol e suas mãos, castigadas por trabalho árduo.

Ele continuou se aproximando. Não havia poder nos seus gestos, mas doçura nos seus olhos. O homem incumbido de mudar o destino da humanidade escondia-se na pele de um carpinteiro. Nunca alguém tão grande se fez tão pequeno para tornar grandes os pequenos.

Com os joelhos encobertos pelas águas do rio, João mais uma vez discursava sobre a pessoa mais poderosa da terra. Não sabia que ele estava vindo ao seu encontro. Subitamente, uma clareira se abriu na multidão. O homem dos sonhos de João apareceu, mas ninguém notou. Então, os olhares dos dois se cruzaram. João ficou petrificado. Interrompeu o discurso. Nada no aspecto externo daquele homem indicava quem ele era, mas, de alguma forma, João sabia que era ele. Seus olhos contemplaram atenta e embevecidamente Jesus de Nazaré.

Os olhos de João devem ter se enchido de lágrimas. Tantos anos se passaram e tantas noites maldormidas aguardando um único homem aparecer. Agora, ele estava ali, real, diante dele, enchendo sua alma de esperança.

Esperança para os miseráveis, os desesperados, os que perderam a motivação para viver, os que têm transtornos emocionais, os que vivem ansiosos e abatidos. Esperança também para os felizes, os que tiveram o privilégio de conquistar os mais estrondosos sucessos, mas têm consciência de que a vida, por mais bela e bem-sucedida que seja, é breve e efêmera.

Sim! Não apenas os miseráveis precisam de esperança, mas também os felizes, pois seus dias igualmente findarão e nunca mais verão as pessoas que amam, nem as flores dos campos, nem ouvirão os cantos dos pássaros.

A vida, por mais longa que seja, transcorre dentro de um pequeno parêntese do tempo. Todos os mortais precisam de esperança. A esperança era o nutriente interior de João. Só isso explica por que, sendo tão cheio de talentos, trocara o conforto social pela secura do deserto.

O poder vestiu-se de doçura

Ao ver João paralisado, a multidão foi tomada por um absoluto e total silêncio. As pessoas não entendiam o que estava acontecendo, só sabiam que de repente o rosto do homem destemido se transformara no de uma dócil criança. Sentiam que ele vivia o momento mais feliz da sua vida.

O olhar de Jesus, penetrante e inconfundível, transformou os anos de João num deserto em um oásis. Momentos depois, ao voltar a falar, João mudou o discurso. Deixou de comentar as misérias, as hipocrisias, o apego à fama, a estupidez do poder, as fragilidades, as arrogâncias humanas. Perdeu o tom da ousadia. João dera ao Messias anunciado um status maior do que se dava ao imperador romano. Mas agora estava perplexo. A mansidão de Jesus o contagiou. Havia serenidade na sua face, gentileza nos seus gestos. O poder vestiu-se de doçura e mansidão, um paradoxo que acompanhará toda a história de Jesus. Mais tarde, ele revelará um poder que homem algum jamais teve, mas, ao mesmo tempo, demonstrará uma delicadeza nunca vista. Fará discursos imponentes, mas sua capacidade de compreensão e compaixão atingirá níveis inimagináveis.

João percebeu, ainda que não claramente, os contrastes que seguiriam Jesus. Surpreso, disse uma frase poética, não sobre o poder de Jesus, mas sobre sua capacidade de amar e se doar: "*Eis o cordeiro de Deus que tira o pecado do mundo*" (*João 1:29*). O homem de quem não era digno de desatar as sandálias era um cordeiro tranquilo que morreria por ele e pelo mundo.

Que contraste! Já estudei a personalidade de homens famosos, como Freud, Van Gogh, Hitler, mas ninguém é tão difícil de ser investigado como Jesus. Foram necessários 20 anos de pesquisa exaustiva sobre o processo de construção dos pensamentos para poder entender um pouco os bastidores da sua personalidade.

A mudança de discurso confundiu as pessoas. Não eram essas as palavras que a multidão esperava ouvir quando João lhes apontasse o Cristo. Todos esperavam que ele dissesse: "Eis o grandioso rei que vos libertará de Roma." Coloco-me no lugar dessas pessoas sofridas que tiravam o pão da boca dos seus filhos para pagar os impostos romanos. Certamente eu teria ficado muito frustrado.

As pessoas estavam confusas e perdidas. Jamais alguém dissera que um homem era um cordeiro. Nada poderia soar mais estranho. Mais ainda, jamais alguém havia dito que um homem se tornaria um cordeiro de Deus que libertaria o mundo das suas misérias.

As pessoas queriam segurança, liberdade e comida na mesa. Elas não suportavam a arrogância dos soldados. Queriam ser livres para andar, falar, correr, mas Jesus lhes mostraria que se o ser humano não for livre dentro de si jamais o será no exte-

rior. Elas queriam um analgésico para aliviar o sintoma, mas Jesus lhes daria o remédio que combateria a causa da doença. Elas queriam um reino temporal, mas ele lhes apresentaria um reino eterno.
    Jesus ainda não tinha falado. Ninguém imaginava que ele falaria de propostas que abalariam o mundo. O homem dos sonhos de João causou, no primeiro momento, uma grande frustração. Não era aquele homem que estava na fantasia das pessoas.

Um homem surpreendente

Depois de ser apresentado por João, todos esperavam que ele fizesse um grande discurso. Mas Jesus optou pelo silêncio. Entrou nas águas do Jordão e quis cumprir o ritual simbólico do batismo. Deixaria de ser o carpinteiro de Nazaré, mudaria sua rota depois de 30 longos anos de espera e se tornaria o Mestre dos Mestres, o Mestre da Sensibilidade, o Mestre da Vida, o Mestre do Amor. Ensinaria o mundo a viver.
    João se recusou a batizá-lo. Um rei não poderia abaixar-se diante de um súdito, pensava João. Mas o rei se abaixou, numa atitude paradoxal que se repetiu pelo resto de sua vida.
    O Mestre dos Mestres não tentou convencer a multidão da sua identidade. Teria podido impressionar a multidão, mas calou-se. Muitos contratam jornalistas para elogiá-los ou para aparecerem com destaque nas colunas sociais. Jesus, porém, apreciava o anonimato. João maravilhou-se com sua humildade, mas a multidão ficou confusa. O choque foi inevitável. O sonho daquelas pessoas havia se esfacelado.
    Jesus de Nazaré entendia de madeiras e pregos, e parecia não ter sabedoria para envolver as pessoas. Mas quando começou a falar, todos ficaram perplexos. Ele foi um dos maiores oradores de todos os tempos. A coragem e a gentileza se entrelaçavam na sua oratória. Raramente alguém foi tão sensível e destemido

na terra da censura. Expressar-se contra o sistema político e o sinédrio judaico gerava tantas consequências quanto falar hoje contra qualquer ditador no poder. A inteligência de Jesus era assombrosa. Falava com os olhos e com as palavras, e ninguém resistia ao fascínio dos seus discursos. Encantava prostitutas e intelectuais, moribundos e abatidos. Suas palavras incomodavam tanto que provocavam o ódio dos fariseus. Depois que o Mestre dos Mestres apareceu, os intelectuais, que formavam um segmento importante da sociedade local, sentiram-se enfraquecidos. Apesar de odiá-lo, os fariseus o acompanhavam por longos dias para beber um pouco da sua intrigante sabedoria. Perguntavam inúmeras vezes: "Quem és tu?", "Até quando deixarás nossa mente em suspense?". Quanto mais perguntavam, mais eram vitimados pela dúvida.

Eles queriam sinais, atos milagrosos, como a abertura do mar Vermelho. Mas o delicado mestre queria a abertura das janelas da inteligência. Os fariseus chegavam sempre antes ou depois de as cenas sobrenaturais acontecerem. Nunca o entenderam, pois não falavam a linguagem do coração, não sabiam decifrá-lo com uma mente multifocal, aberta, livre. Hoje, Jesus reúne bilhões de admiradores, mas ainda permanece um grande desconhecido.

Você consegue decifrá-lo? Procurar conhecê-lo é o maior desafio da ciência, é a maior aventura da inteligência!

*Escolhendo discípulos desqualificados
para transmitir seu sonho*

Jesus desejava ter discípulos para revelar os mistérios da vida. Iria levá-los a conhecer os segredos da existência. Segredos que os filósofos, a casta mais sedenta de pensadores, sonharam conhecer. Jesus almejava atuar na colcha de retalhos da personalidade de um pequeno grupo de seguidores e levá-los a atear fogo no mundo com suas ideias e seu projeto.

Queria esculpir neles a arte de pensar, da tolerância, da solidariedade, do perdão, da capacidade de se colocar no lugar dos outros, do amor, da tranquilidade. Como fazer isso sem criar uma escola física? Como conseguir adeptos que confiassem nele sem usar pressão social? Como abrir as janelas da mente de seus seguidores, se insistia em não controlá-los? É fácil para um rei dominar as pessoas e levá-las a submeter-se à sua vontade. Mas Jesus, contrariando a lógica, usava a sensibilidade e a serenidade para atingir seus objetivos.

Os objetivos do Mestre da Vida eram dificílimos de serem concretizados. Ele teria de convencer as pessoas a investir num projeto invisível. Discursava sobre um reino de paz, justiça, alegria. Mas era um reino intangível, não-palpável, era um reino nos céus.

E havia outros graves problemas. Quem ele iria escolher para segui-lo? E como iria atrair seus discípulos? Talvez não o percebamos, mas Jesus tinha tudo para falhar.

A universalidade da vida: a grande empreitada

A psicologia e as ciências da educação só não se dobram aos pés do Mestre dos Mestres porque não o conhecem. Se procurassem conhecê-lo mais profundamente, incluiriam em suas matérias a espetacular psicologia e a pedagogia do maior pensador da história.

O mestre desejava formar pensadores na grande universidade da vida, uma universidade em que muitos cientistas e intelectuais são pequenos alunos. A universidade clássica forma, com exceções, homens egoístas e imaturos. Raramente alguém diz: "Na minha faculdade aprendi a ser sábio, a amar a vida, a superar conflitos e a ser solidário."

A universidade deforma os alunos, abafa a criatividade, sufoca a arte da dúvida, destrói a ousadia e a simplicidade, rouba o que eles têm de melhor. Os jovens são treinados para usar a memória como depósitos de informações, mas não a pensar, a ter sutileza, perspicácia, segurança, ousadia. Recebem diplomas, mas não sabedoria. Sabem falar de assuntos lógicos, mas tropeçam nas pequenas dificuldades emocionais.

O Mestre da Vida queria formar pensadores que conhecessem o alfabeto do amor. Acreditou no ser humano. Acreditou em cada um de nós, apesar de todas as nossas falhas. Honrou pessoas sem honra, e disse "Você pode!" aos paralíticos de corpo e de inteligência. Amou os que não o amaram. E doou-se a quem não merecia.

Se você sente que erra com frequência, tem muitos conflitos e acha que não tem qualificação intelectual para brilhar afetiva e profissionalmente, não desanime. Se estivesse morando próximo ao mar da Galileia, provavelmente você seria um dos escolhidos para segui-lo. Jesus tinha um especial apreço pelas pessoas problemáticas. Quanto mais elas tropeçavam e davam trabalho, mais ele as apreciava e investia nelas.

Vejamos como e quem ele escolheu como seu primeiro grupo de seguidores.

CAPÍTULO 2

Um convite chocante, um chamado irresistível

Pequenos momentos que mudam uma história

A vida é feita de detalhes. Pequenos detalhes mudam uma vida. Uma pessoa se atrasa alguns minutos para um compromisso, e o seu atraso a faz encontrar alguém que acabará se tornando a mulher ou o homem da sua vida.

Um amigo meu, que conviveu durante anos com um colega de trabalho ansioso e difícil, tinha de se controlar para não manifestar sua irritação. Um dia exasperou-se e disse palavras duras. Percebendo sua falha, humildemente pediu desculpas. Foram 10 segundos de desculpas que criaram vínculos que anos de trabalho não produziram. Os dois se tornaram grandes amigos.

Você beija o rosto de uma pessoa que ama. Há tempos não fazia isso. Você a tinha ferido sem perceber. Seu pequeno gesto curou uma mágoa oculta. Um beijo de um segundo gerou afeto, desobstruiu a emoção. A alegria voltou.

Os que desprezam os pequenos acontecimentos dificilmente farão grandes descobertas. Pequenos momentos mudam grandes

rotas. Se você quer escrever uma bela história de vida, não se esqueça de que os pequenos detalhes inauguram grandes capítulos.
Foi o que aconteceu há muitos séculos na vida de alguns jovens que moravam ao redor do mar da Galileia. Diminutos momentos mudaram a vida deles, e eles mudaram a história, mudaram a nossa maneira de pensar a existência. A humanidade nunca mais foi a mesma. Vamos ver o que aconteceu.

A personalidade construída sob o fragor das ondas

Alguns jovens que moravam perto de um mar de rara beleza cresceram ouvindo o burburinho das águas. O vento roçava a superfície do mar, levantando o espelho d'água e formando ondas, num espetáculo sem-fim. Quando meninos, eles brincavam e corriam na areia, familiarizando-se com o mar.

Assim era a vida desses jovens. Seus avós foram pescadores, seus pais eram pescadores e eles se tornaram pescadores e naturalmente deveriam morrer pescadores. O destino deles estava traçado, e seu mundo era o mar da Galileia. Seus sonhos? Aventuras, ondas e grandes pescarias. Entretanto, os peixes escasseavam. A vida era árdua.

Lançar e puxar as pesadas redes do mar era extenuante. A musculatura se ressentia depois de horas de trabalho. Suportar as rajadas de vento frio e as ondas rebeldes durante toda a noite não era para qualquer um. E o pior, frequentemente o resultado era frustrante. Às vezes não pegavam nenhum peixe. Ao voltar, desanimados e cabisbaixos, reconheciam o fracasso: as redes estavam leves e o coração, pesado.

Eles não gostavam da vida que levavam. Todos os dias, as mesmas pessoas, os mesmos obstáculos, as mesmas expectativas. Num ímpeto, diziam uns para os outros que mudariam de vida. Mas tinham ouvido seus pais dizerem a mesma coisa, e nada mudara. A coragem surge no terreno da frustração, mas se dissipa diante da realidade. Sobreviver em Israel, naquela época, era difícil. Correr riscos para mudar de vida era quase um delírio.

Pedro, o mais velho, mas ainda jovem, casou-se cedo. Parecia decidido. Embora reclamasse da pesca, sua porção de coragem não era suficiente para largar as redes. Tinha um irmão, André. Este era mais discreto e tímido. Ambos provavelmente morreriam pescadores. Sabiam que a miséria era o subproduto mais evidente de um povo dominado pelo Império Romano. As nações subjugadas deveriam sustentar a pesada máquina de Roma, com sua burocracia e seus exércitos.

Na mesma praia, não muito distante dali, dois outros jovens, Tiago e João, ajudavam seu pai, Zebedeu, a consertar as redes. Zebedeu era um judeu próspero. Tinha barcos e empregados. Mas, ao que tudo indica, a base da educação dos filhos vinha da mãe. Era uma mulher de fibra, daquelas que colocam combustível nas ambições legítimas desta vida. Era uma judia fascinante que honrava a tradição que permanece viva até hoje: "Um homem só é judeu se sua mãe for judia." A força de uma mãe é imbatível. Com uma mão ela afaga o rosto dos filhos, com a outra dirige seus corações e move o mundo.

Ela queria que seus filhos brilhassem. Talvez sonhasse em construir a maior empresa de pesca da Galileia. Embora ambiciosos, Tiago e João possuíam uma cultura que não lhes permitia pensar muito além de barcos, redes e peixes. A estrutura empresarial familiar, no entanto, levaria esses jovens a seguir um único destino: a profissão do pai. Seguir outro caminho era loucura.

Zebedeu e sua esposa davam-lhes conselhos constantes. "Nós trabalhamos muito para chegar aonde chegamos. Cuidado! Vocês podem perder tudo. Há milhares de pessoas morrendo de fome. Jamais abandonem o negócio do seu pai. Vivemos tempos difíceis. Economizem! Gastem tempo consertando as redes."

Todos os dias, Tiago e João ouviam os conselhos sábios, mas sombrios, dos pais. Portanto, não se meteriam em confusão. A palavra aventura não fazia parte do seu dicionário de vida. Riscos? Apenas aqueles que o mar escondia.

Pedro, André, Tiago e João seguiam a tradição de seus pais. Acreditavam num Deus que tinha criado o céu e a terra. Um Deus inalcançável que eles deveriam temer e reverenciar. Um Deus que estava a anos-luz das angústias, necessidades e ansiedades dos seres humanos.

Na mente desses jovens não deviam passar as inquietações sobre os mistérios da vida. A falta de cultura e a labuta pela sobrevivência não os estimulavam a grandes voos intelectuais. Eles não tinham a mínima ideia sobre os segredos da existência humana. O pensamento deles estava entorpecido como está hoje o das pessoas que são escravas da competição e das pressões sociais do mundo moderno. Viver, para eles, era um fenômeno comum, e não uma aventura vibrante.

Nada parecia capaz de mudar-lhes o destino. Mas diminutos acontecimentos mudam grandes trajetórias.

Um convite perturbador

Pedro e André tinham ouvido falar dos discursos de João Batista. Mas entre as ideias do homem do rio e a realidade do mar havia um espaço quase intransponível. Certo dia, os jovens pescadores jogaram a rede no mar e se prepararam para mais um dia de trabalho. Não havia nada de diferente no ar. A massacrante rotina os aguardava.

De repente, viram uma pessoa diferente caminhando pela praia. Seus passos eram lentos e firmes. A imagem, antes distante, se aproximou. Pararam seus afazeres e a observaram. Aquele estranho também deteve o olhar neles. Incomodados, os dois se entreolharam. Então, o estranho quebrou o silêncio. Com voz firme, lhes fez a proposta mais absurda do mundo: *"Segui-me, e eu farei de vós pescadores de homens"* (*Mateus 4:19*).

Nunca tinham ouvido tais palavras, que mexeram com os segredos da alma desses dois jovens. Ecoaram num lugar em que os psiquiatras não conseguem entrar. Penetraram em seus espíritos e geraram um questionamento sobre o significado da vida, e por que vale a pena lutar.

Todos deveríamos, em algum momento da existência, questionar nossa própria vida. Quem não consegue fazer esse questionamento será escravo da sua rotina. Será controlado pela mesmice, nunca enxergará nada além do véu do sistema. Viverá para trabalhar, cumprir obrigações profissionais, ter um papel social. Por fim, sucumbirá no vazio. Viverá para sobreviver até a chegada da morte.

Pedro e André já estavam com a vida definida. A rotina do mar afogara seus sonhos. O mundo deles tinha poucas léguas. Mas, inesperadamente, apareceu algo que lhes incendiou o espírito de aventura. Jesus arrebatou-lhes o coração com uma proposta que revolucionaria as suas histórias.

A análise psicológica dessa passagem impressiona, porque Jesus não deu grandes explicações sobre sua proposta. Não fez discursos nem milagres. Entretanto, a maneira como falou e a proposta que fez deixaram em brasas vivas o território da emoção de Pedro e André.

Quem se arriscaria a segui-lo?

Jamais alguém fizera uma oferta dessas a quem quer que fosse. Pense um pouco. Seguir quem? Quais são as credenciais do homem que fez a proposta? Quais as implicações sociais e emocionais que ela provocaria?

Jesus era um estranho para eles. Não passava de um homem cercado de mistérios. Não tinha nada de palpável para oferecer a esses jovens inseguros. Você aceitaria tal oferta? Largaria tudo para trás e o seguiria? Deixaria a sua rotina estafante, mas segura, para seguir um caminho sem destino? Jesus não lhes prometeu poder. Não lhes prometeu um céu sem tempestades, caminho sem fadigas, vida sem dor. Suas vestes eram simples, sua pele estava castigada pelo sol, não tinha secretários, dinheiro, não havia uma escolta atrás dele e, ainda por cima, estava a pé.

Quem teria coragem de segui-lo? E, ainda mais, segui-lo para fazer o quê? Ser pescador de homens? Pedro e André viram seus avós e seus pais se embrenharem na voragem do mar. Eles também se tornaram pescadores. Pescavam peixes e cheiravam a peixe. Jamais tinham ouvido falar em pescar homens. O que é isso? Com que propósito? Como fazê-lo? Era uma oferta estranha e arriscada.

Como você reagiria diante dessa oferta? Se resolvesse seguir Jesus, imagine o transtorno que causaria a você mesmo e aos seus íntimos. O que explicar aos seus pais, aos amigos e à sociedade? Todos esperam algo de você. Esperam que tenha êxito social e profissional. As pessoas entendem certas mudanças na nossa vida, mas não uma mudança radical. Parecia loucura seguir aquele homem. Mas, ao ouvirem a voz do Mestre dos Mestres, os jovens galileus, que não eram amantes de riscos, arriscaram tudo o que tinham para segui-lo.

Um chamado irresistível

Pedro e André não entendiam por que tinham sido atraídos nem as consequências de seus atos, mas não puderam mais ficar dentro do barco. Todo barco é pequeno demais quando se tem um grande sonho. Se pescar peixes oferece prazeres, pescar homens deveria ser muito mais emocionante. Subitamente, eles deixaram o passado e foram atrás de um homem que mal conheciam.

Os parentes diziam que aquilo era loucura. A esposa de Pedro devia estar chorando e indagando de que iriam sobreviver. Muitas dúvidas, pouca certeza, mas muitos sonhos habitavam a mente desses pescadores.

Minutos depois, Jesus encontrou dois outros jovens, mais novos e inexperientes. Eram Tiago e João. Estavam à beira da praia consertando as redes. Ao lado deles, o pai e os empregados envolviam-se em outras atividades. Discretamente, Jesus se aproximou. Tiago e João levantaram a cabeça. Ele os fitou e fez o mesmo intrigante convite. Jesus não os persuadiu, ameaçou ou pressionou, apenas os chamou. *"Eles, deixando imediatamente o barco e o pai, o seguiram"* (*Mateus 4:20*). Um pequeno momento mudou para sempre suas vidas.

Zebedeu ficou chocado com a atitude dos filhos. Lágrimas escorreram por seu rosto. Não entendia por que eles estavam deixando as redes. Segurando-os pelo braço, talvez dissesse: "Filhos, não abandonem o seu futuro", "Vocês nem mesmo conhecem a quem estão seguindo".

Convencer o pai de que aquele era o Messias não seria tarefa fácil. Um Messias não podia ser tão comum e sem pompa. Os empregados, espantados, se entreolhavam. Vendo que nada os dissuadia, Zebedeu decidiu deixá-los partir. Talvez tenha pensado: "Os jovens são rápidos para decidir e rápidos para retornar: logo voltarão para o mar." Mas eles nunca mais voltaram.

Deixaram imediatamente as redes

A vida é um grande contrato de risco. Basta estar vivo para se correr risco. Risco de fracassar, de ser rejeitado, de se decepcionar com as pessoas, de ser incompreendido, de ser ofendido, de ser reprovado, de adoecer. Até um vírus, que é milhões de vezes menor do que um grão de areia, representa um grande risco.

E como a vida é um grande contrato de risco, quem se esconde num casulo com medo de enfrentar os riscos, além de não eliminá-los, será sempre um frustrado. É preciso coragem para superar conflitos, encontrar soluções e realizar nossos sonhos e projetos.

Um funcionário tímido que segue estritamente a rotina do trabalho, que procura não incomodar ninguém, que não emite opiniões sobre o que pensa, poderá ser bem avaliado, mas dificilmente chegará a um posto de direção da empresa. E, se isso acontecer, não estará preparado para enfrentar crises e desafios. Por outro lado, um aventureiro desmedido, que não pensa minimamente nas consequências dos seus atos, que corre riscos pelo simples prazer da aventura, também pode levar a empresa ao fracasso.

Ao analisarmos as biografias de Jesus Cristo, principalmente os evangelhos de Mateus e Marcos, sob a ótica dos discípulos e das transformações que ocorreram em suas vidas, ficamos fascinados. A Felipe ele disse simplesmente: "*Segue-me*" (*João 1:43*). Sob o impacto das suas palavras, ele o seguiu. Os discípulos correram riscos intensos. Não entenderam a dimensão da proposta, mas sentiram que era feita por um homem vibrante.

Embora fossem inseguros, os jovens galileus tiveram, pela primeira vez, uma coragem contagiante. Não pensaram nos perigos que correriam, nas possíveis perseguições e no suprimento das suas necessidades básicas. Nem mesmo se preocuparam em saber onde dormiriam. O convite de Jesus carregava um desejo de mudança do mundo. Era simples, mas forte e arrebatador como as ondas do mar.

Tento analisar o que aconteceu no âmago da mente desses jovens, mas tenho limitações. Há fenômenos que ultrapassavam a previsibilidade lógica. Havia algo de "mágico", no melhor sentido do termo, no chamado de Cristo.

Era algo parecido, embora muito mais forte, com o olhar que à primeira vista cativa dois amantes, com a inspiração do poeta que o conduz a criar a mais bela poesia, com a descoberta do cientista que há anos procura uma resposta, com o dia em que, embora rodeados de problemas, acordamos animados e exclamamos para nós mesmos: "Como a vida é bela!"

Um chamado que jamais parou de ecoar
no coração das futuras gerações

Como mudar todos os planos e seguir um estranho? Se você aceitasse esse convite do Mestre da Vida, que explicação daria aos seus pais? Seus amigos entenderiam sua atitude? Que justificativa daria a si mesmo? Os conflitos eram enormes. Mas aconteceu algo nos solos da alma e do espírito desses jovens, levando-os a correr todos os riscos.

É fascinante ver as pessoas investindo sua vida naquilo em que acreditam, nos sonhos que as alimentam. A atitude de Pedro, André, João e Tiago foi repetida inúmeras vezes ao longo dos séculos. Em cada geração, milhões de pessoas resolveram seguir Jesus. Seguir alguém que não conheceram. Seguir alguém que nunca viram, que apenas tocou-lhes o coração. Um toque que deu um novo significado à vida dessas pessoas. Que mistério é esse?

Se analisarmos a história, veremos que muitas pessoas, como Agostinho, Francisco de Assis, Tomás de Aquino e tantos outros, ouviram um chamado inaudível, um chamado inexplicável pela psicologia, que as fez romper a estrutura do egoísmo e preocupar-se com as dores e necessidades dos outros. Um chamado que os estimulou a serem pescadores de seres humanos e a amá-los, aliviá-los, ajudá-los. Seduzidos por essas inaudíveis palavras, largaram tudo para trás.

Deixaram suas redes, seus barcos e as expectativas da sociedade. Deixaram sua profissão e seu futuro, se transformaram nos íntimos seguidores do mestre. Tornaram-se líderes espirituais, padres, pastores, freiras, missionários, pessoas anônimas que se doaram sem medida. Viveram para os outros. Eles talvez tenham dificuldade de explicar por que abandonaram o "mar", mas estão convictos de que não puderam resistir ao chamado interior do Mestre do Amor.

Antigamente achava-se que correr riscos para seguir alguém invisível parecia sinal de insanidade. Depois de anos de pesquisa científica sobre o funcionamento da mente, sobre o desenvolvimento da inteligência, e de exercício da psiquiatria e psicoterapia, admiro esses homens e mulheres. Muitos não abandonaram suas atividades seculares, mas doaram seu tempo, seu dinheiro, sua profissão e o seu coração ao ser humano, tornaram-se igualmente poetas do amor.

Independentemente da religião que professam e dos seus erros e acertos, investiram a vida deles num plano transcendental. Aprenderam a amar o ser humano e a considerar a vida um fenômeno que não se repetirá. Resolveram desenvolver uma das mais nobres inteligências: a inteligência espiritual.

Compreenderam que a vida é muito mais do que o dinheiro, a fama ou a segurança material. Por isso, andando na contramão do mundo moderno, eles procuram os mistérios que se escondem além da cortina do tempo e do espaço.

Hoje, a humanidade se dobra aos pés de Jesus por causa da ousadia dos seus primeiros seguidores. Ser um de seus discípulos, no primeiro século, era assinar o maior contrato de risco da história. Pelo fato de esses jovens terem tido a coragem de segui-lo, suas ideias, pensamentos e reações permearam a história.

As palavras de Jesus são utilizadas em todas as religiões. Maomé, no livro do Alcorão, valoriza-o ao extremo, chamando-o de Sua Dignidade. O budismo, embora tenha sido criado antes de Cristo, incorporou seus principais ensinamentos. Pequenos acontecimentos incendiaram civilizações e mudaram a vida de bilhões de pessoas.

CAPÍTULO 3

A personalidade dos discípulos

Os discípulos seriam reprovados por uma equipe de seleção

O material humano é vital para o sucesso de um empreendimento. Uma empresa pode ter máquinas, tecnologia, computadores, mas, se não tiver homens criativos, inteligentes, motivados, que tenham visão global, que previnam erros, que saibam trabalhar em equipe e pensem a longo prazo, poderá sucumbir.

Se houvesse uma equipe de psicólogos, especialistas em avaliação da personalidade e do desempenho intelectual, auxiliando Jesus na escolha dos seus discípulos, será que seus jovens seguidores seriam aprovados? Creio que não. Nenhum deles preencheria os requisitos básicos.

É provável que a equipe de psicólogos recomendasse para seus discípulos os jovens da casta dos escribas e fariseus. Eles possuíam ilibada cultura, eram bem-comportados, éticos, gozavam de boa reputação social. Alguns eram versados não apenas na língua hebraica, mas também no latim e no grego. Tinham uma visão ampla do mundo, conheciam as Antigas Escrituras e guardavam as tradições do seu povo.

O Mestre dos Mestres, contrariando toda a lógica, escolheu conscientemente jovens indisciplinados, incultos, rudes, agressivos, ansiosos, intolerantes. Os discípulos correram riscos ao segui-lo e ele correu riscos maiores ainda ao escolhê-los. Jamais alguém reuniu pessoas tão complicadas e despreparadas para ensinar. Por que Jesus fez uma escolha tão ilógica?

Ele preferiu começar do zero, trabalhar com jovens completamente desqualificados a ensinar jovens já contaminados pelo sistema, saturados de vícios e preconceitos. Preferiu a pedra bruta à mal lapidada.

A personalidade dos discípulos

Vamos analisar a personalidade de alguns discípulos antes de encontrarem o Mestre da Vida. Os textos das biografias de Jesus falam muito pouco sobre os discípulos. Mas, indiretamente, nos revelam dados sobre alguns deles. De Felipe e André, muito pouco. De Bartolomeu, Tiago (filho de Alfeu), Tadeu e Simão (o zelote), quase nada é mencionado.

De Mateus, sabemos apenas que era um coletor de impostos, um publicano. Os publicanos eram odiados pelos judeus porque estavam a serviço do Império Romano. Vários eram corruptos e extorquiam o povo. Os fariseus os rejeitavam. Mateus era uma pessoa sociável. Quando Jesus o chamou para discípulo, ficou tão empolgado que fez uma festa de confraternização com seus amigos. Na festa estavam presentes outros coletores de impostos e homens de má reputação. Ao contemplar a cena, os fariseus questionaram a reputação de Jesus. Alguém que fala sobre Deus não poderia se relacionar com gente daquela laia, pensaram eles.

Mateus era uma pessoa detalhista e deslumbrada por Jesus. Por ser coletor de impostos, devia ter noção de escrita. Provavelmente fez anotações nos tempos em que andou com o mestre, pois seu evangelho contém riquezas de detalhes que só um exímio observador poderia notar. Mas essas anotações demoraram anos para serem reunidas em livros. Por quê? Os discípulos transmitiam oralmente a mensagem de Jesus. A palavra escrita não era importante para eles naquele tempo.

Foi somente depois que novas gerações vieram somar-se aos seguidores de Jesus e a tradição oral começou a se diluir no tempo que as comunidades cristãs sentiram a necessidade de reunir as anotações e recordações em livros, chamados de evangelhos. O Evangelho de Mateus foi escrito provavelmente 30 anos depois da morte de Jesus.

Podemos investigar apenas alguns traços da personalidade de Tomé. Era rápido para pensar e rápido para desacreditar. Andava segundo a lógica, alicerçado na dúvida. Existe uma dúvida positiva que abre as janelas da memória, quebra os paradigmas, recicla os preconceitos e expande a arte de pensar. Mas a dúvida de Tomé fundamentava-se na autossuficiência. O mundo tinha de girar em torno das suas verdades, impressões e crenças. Sua dúvida estava bem próxima da desconfiança paranoica, pois ele desconfiava de tudo e de todos.

Você vive a dúvida saudável ou a doentia?

Da personalidade de Tiago, filho de Zebedeu, descobrimos algumas características descritas no evangelho de seu irmão João. Tiago era um jovem ousado, ambicioso e impaciente. Mas tornou-se um dos mais íntimos amigos de Jesus. Após a morte do mestre foi martirizado por causa do seu amor por Jesus e da defesa de seus princípios.

Gostaria de ressaltar as características de três discípulos: Pedro, João e Judas Iscariotes. Também analisarei com mais detalhes a personalidade de Paulo, que veio a integrar o grupo de seguidores oito anos depois da morte de Jesus.

As características da personalidade de Pedro e de João representam, provavelmente, os traços principais do caráter da maioria dos discípulos. Nós as conhecemos a partir de seus comportamentos evidentes e das reações percebidas nas entrelinhas, contidos tanto nos evangelhos quanto nas cartas que escreveram. As características da personalidade de Judas Iscariotes – que tinha a personalidade mais destoante do grupo – foram extraídas a partir da análise dos evangelhos. As de Paulo foram baseadas na análise das suas múltiplas cartas, principalmente das palavras e reações reveladas nos momentos de maior tensão.

Antes de começar a comentar a personalidade dos discípulos, gostaria de fazer uma pergunta ao leitor. Quem foi o discípulo mais equilibrado? Fiz essa pergunta a várias pessoas enquanto escrevia este livro, e a maioria errou. Como veremos, foi Judas Iscariotes. Era o mais dosado, sensato e discreto dos discípulos. Judas, provavelmente, seria a única pessoa que passaria numa prova de seleção se usássemos os critérios atuais de avaliação da personalidade e desempenho intelectual.

Primeiramente, vou descrever as características negativas da personalidade de Pedro, de João e de Paulo, porque elas sobressaem mais do que as positivas. A exceção será Judas, de quem descreverei primeiro as características positivas da sua personalidade, porque são as que mais sobressaem. Será de grande ajuda para entendermos a diferença entre ele e os demais discípulos.

Jesus foi ousadíssimo ao escolher seus discípulos. Pagou caro por isso, pois eles lhe deram constante dor de cabeça. Mas parecia gostar deles do jeito que eram. Ele não se importava com as decepções. O Mestre da Vida era um artesão da alma humana, queria lapidar uma joia única, com brilho único, de único valor.

PEDRO

Características negativas da personalidade de Pedro

Pedro era inculto, não sabia ler, intolerante, ansioso, irritado, agressivo, inquieto, impaciente, indisciplinado, impulsivo. Repetia os mesmos erros com frequência e não suportava ser contrariado (*Mateus 18:21*).

Sua compreensão do mundo se restringia às necessidades de sobrevivência. Entendia de mar por ser pescador. Sua visão política era limitada. Percebia o jugo romano sobre Israel, mas desconhecia os complexos envolvimentos políticos entre Roma e o sinédrio judaico e ignorava as benesses de que alguns líderes judeus desfrutavam.

Pedro não desenvolveu as funções mais importantes da inteligência. Não era empreendedor, não sabia filtrar estímulos estressantes. Sua emoção era flutuante, e ele impunha suas ideias, em vez de as expor.

Não era uma pessoa altruísta, não percebia as dores e necessidades dos outros. Não tinha projetos sociais. Não pensava em mudar o mundo, ajudar as pessoas, aliviar a dor do próximo. Suas necessidades básicas vinham em primeiro lugar. Logo após a morte de Cristo, perturbado, voltou a pescar (*João 21:3*).

Era um trator emocional, passava por cima de tudo que se opunha a ele. Não sabia se colocar no lugar dos outros, por isso tinha dificuldade de perdoar e compreender. Suas características demonstram que era hiperativo e detestava a rotina. Se vivesse nos tempos atuais, certamente seria um aluno que todo professor gostaria de ver longe de sua sala de aula.

Pedro era autossuficiente e tão ousado que respondia pelo mestre sem nem ao menos perguntar o que Jesus pensava sobre o assunto (*Mateus 17:25*). A principal característica de sua personalidade era reagir antes de pensar (*João 18:10*). Quando Jesus foi preso, Pedro cortou a orelha de um soldado, colocando em risco Jesus e os discípulos com sua atitude impensada (*João 18:12*).

Pedro conhecia bem o mar da Galileia, mas conhecia pouquíssimo o território da própria emoção. Não percebia suas limitações, fragilidades e medos. Aparentava ser forte por ter comportamento intempestivo, mas, quando testado, era inseguro.

Sua aparente força apoiava-se na força e na inteligência do seu mestre. Quando, ameaçado de morte, Jesus se calou, Pedro fraquejou. Ele amava extremamente o mestre, mas seu medo predominou e ele o negou três vezes.

Características positivas da personalidade de Pedro

Pedro era uma pessoa simples, humilde, sincera. Tinha uma enorme capacidade de aprender. Era rude, mas possuía a emoção de um menino: singela e ingênua. Acreditava facilmente em Jesus. Sob seu comando, atirou a rede ao mar, sem questionar, num lugar onde havia passado a noite toda sem nada pegar. Obedecendo ao chamado de Jesus, teve coragem de caminhar sobre a superfície do mar. Sucumbido pelo medo, afundou.

Embora fosse ansioso e agitado, não era superficial. Ao que tudo indica era uma pessoa detalhista. Observava atentamente as atitudes e reações de Jesus com olho clínico. Amava contemplá-lo em ação. Admirava seus gestos.

Casou-se cedo, parecia responsável. Apesar de não suportar os focos de tensão, Pedro procurava ser determinado. Autenticidade e liderança eram suas características principais.

JOÃO

Características negativas da personalidade de João

João era ansioso, ambicioso, irritado, não suportava ser contrariado. Sua cultura era restrita. Como Pedro, sua visão social e política era limitada. Não desenvolvera também as funções mais importantes da inteligência. Não sabia proteger sua emoção nem preservar sua memória dos estímulos estressantes. Não sabia trabalhar frustrações nem usar seus erros como degraus para a maturidade.

João também não era uma pessoa altruísta. Antes de conhecer Jesus, e nos primeiros meses em que o seguiu, revelou-se um jovem egoísta e intolerante. Não sabia compreender os sentimentos alheios. O mundo tinha de gravitar em torno de suas verdades.

Certa vez, contrariando todo amor, perdão e mansidão sobre os quais Jesus eloquentemente discursava, João teve a coragem de sugerir a Jesus que enviasse fogo do céu para exterminar aqueles que não o seguiam. Jesus falava sobre dar a outra face ao inimigo e João desejava destruí-lo.

Tinha uma personalidade explosiva. Ele e seu irmão Tiago foram chamados pelo próprio Jesus de "Boanerges", que quer dizer "filhos do trovão" (*Marcos 3:17*). Quando confrontados, reagiam agressivamente.

João fora treinado por sua mãe para pensar grande, o que é uma característica positiva. Mas pensava grande demais. Queria colher o que não tinha plantado. Queria o pódio sem as labutas necessárias para atingi-lo. Almejava a melhor posição entre os discípulos.

Como pensava que o reinado de Jesus fosse político, após uma reunião familiar, a mãe de Tiago e João fez um pedido incomum e ousado a Jesus, quando ele estava no auge da sua fama. Rogou que no seu reino seus filhos se assentassem, um, à direita, e outro, à esquerda. As duas melhores posições deveriam ser dadas aos seus dois filhos. Jesus ensinava que os grandes têm de servir os pequenos. João queria ser grande para ser servido pelos pequenos.

Pedro e João nos representam. Muitas de suas características negativas estão evidentes ou ocultas em nossa personalidade.

Características positivas da personalidade de João

João era um jovem intempestivo e afetuoso. Nos seus primeiros tempos com o Mestre dos Mestres sua emoção parecia um pêndulo. Oscilava entre a explosão e a doçura, entre a sensibilidade e a agressividade. Apesar de ser intolerante, sua emoção era como uma esponja que absorvia o amor de Jesus. Contemplar a amabilidade do mestre o fascinava.

João errava muito, mas, como Pedro, era uma pessoa transparente. Todos sabiam facilmente o que ele pensava. Ser transparente era uma característica muito importante aos olhos de Jesus. João observava os comportamentos de Jesus como se fosse um pintor acadêmico. Não perdia os detalhes.

Sua capacidade de aprender fez dele um íntimo discípulo. Foi um aluno brilhante. Tornou-se amigo de Jesus. Nos momentos mais difíceis João estava presente.

JUDAS ISCARIOTES

Características positivas da personalidade de Judas

Judas era moderado, dosado, discreto, equilibrado e sensato. Do que podemos observar nos quatro evangelhos de Jesus, nada há que desabone o comportamento de Judas.

Não há elementos que indiquem se era tenso, ansioso ou inquieto. Não há relatos de que tenha ofendido alguém nem que tenha tomado uma atitude agressiva ou impensada.

Jesus chamou a atenção de Pedro e de João diversas vezes. Chamou a atenção de Tomé por sua incredulidade. A Felipe disse: "Há tanto tempo estou convosco e não me conheces?" Entretanto, Jesus jamais chamou a atenção de Judas, a não ser na noite em que foi traído.

Certa vez, Judas repreendeu Maria, irmã de Lázaro, por derramar um perfume caríssimo na cabeça de Jesus. Achou aquele gesto um desperdício. Disse que aquele perfume deveria ser vendido e o dinheiro arrecadado, dado aos pobres. Aparentemente, era o que mais pensava nos outros, o mais moralista e sensível dos discípulos. Num capítulo posterior, compararei a atitude de Judas com a de Maria.

Sabia lidar com contabilidade, por isso cuidava da bolsa das ofertas. Era provavelmente o mais culto, o mais esperto, o mais eloquente e o mais polido dos seus pares. Não fazia escândalos nem tinha comportamentos que perturbassem o ambiente. Agia silenciosamente.

Características negativas de Judas

Judas parecia ser o que tinha menos características negativas e conflitos em sua personalidade. O grande problema era que ele nunca tratara seus conflitos adequadamente. Pequenas frustrações transformaram-se em monstros, pequenas pedras, em montanhas.

Não entendia seus sentimentos mais profundos. Embora moralista e dosado, tinha dificuldade de penetrar no próprio mundo e reconhecer suas mazelas. Sabia julgar, mas não sabia compreender. Errava pouco exteriormente. No secreto do seu ser devia exaltar a si mesmo.

Uma das piores características de Judas era não ser uma pessoa transparente. Antes de trair Jesus, traiu a si mesmo. Traiu sua sabedoria, traiu seu amor pela vida, sua capacidade de aprender, seu encanto pela existência. O maior traidor da história foi o maior carrasco de si mesmo. Era autopunitivo. Tinha tudo para brilhar, mas aprisionou-se no calabouço dos seus conflitos. Judas era o mais bem preparado dos discípulos. Por que traiu Jesus? Por que não superou o sentimento de culpa gerado pela traição? Por que seguiu um caminho tão distinto do de Pedro, que também traiu Jesus, ao negá-lo? Trataremos mais tarde desse assunto.

PAULO DE TARSO

Comentarei agora a personalidade de Paulo de Tarso. Paulo não pertenceu ao grupo dos discípulos durante a vida de Jesus na terra. Não andou com Jesus, não ouviu suas palavras, não contemplou seus gestos, não aprendeu lições diretamente com ele, mas foi um dos seus maiores seguidores.

Características negativas da personalidade de Paulo

Paulo era um jovem radical, extremamente agressivo, discriminador, exclusivista, ambicioso e ansioso. Foi o mais culto dos discípulos; mas, antes de se tornar cristão, foi também o mais arrogante e violento dos homens (*Atos 8:3*). Suas verdades eram absolutas. Para ele, o mundo era do tamanho dos seus preconceitos. Excluía de forma impressionante quem não pensasse como ele.

Não se contentou em ter um discurso ferrenho contra os seguidores de Jesus de Nazaré. Considerava-os uma praga que devia ser extirpada da sociedade (*Atos 9:1*). Para ele, Jesus não passava de um herege, um enganador, um corpo estranho em Israel. Nenhum cristão o havia ferido diretamente, mas ele se achava o mais lesado dos homens. Tinha aversão pelas pessoas sem conhecê-las pelo simples fato de pensarem contrariamente às ideias da sua religião.

Paulo rejeitava os outros sem penetrar na sua história, sem analisar suas dores, sonhos, intenções. Tinha o pior tipo de ódio, o ódio gratuito. Aprisionava pessoas porque era um prisioneiro dentro do seu próprio ser.

Levou os seguidores de Jesus à morte; o desespero deles não lhe tocou a emoção. Os homens clamavam por misericórdia, mas ele permanecia insensível. As mulheres choravam pedindo piedade, pois tinham filhos para criar, mas ele as encerrava em prisões. Paulo colocou suas verdades acima da vida humana. Pessoas assim são socialmente perigosas.

A cena de Estêvão foi chocante. Paulo ouviu o brilhante discurso desse homem amável e inteligente. Os judeus, irados, o apedrejaram publicamente. Paulo assistiu à cena e consentiu na sua morte. As primeiras pedras esfacelaram o corpo de Estêvão, rompendo músculos e artérias, produzindo hemorragias e dor indescritível. Estêvão agonizava lentamente diante de um Paulo insensível, com a emoção petrificada.

Paulo seria a última pessoa a ser chamada de discípulo de Jesus. Era a última pessoa que o merecia (*I Coríntios 15:9*). Apesar das suas características positivas, era uma pessoa destrutiva. Era o mais hábil intelectualmente e o mais violento socialmente, capaz de dizimar seus opositores. Sua mudança é simplesmente incrível. Estudaremos alguns fenômenos do processo de formação de sua personalidade no final deste livro.

Paulo disse na epístola aos efésios que se considerava o menor de todos os cristãos. Suas palavras não são apenas o reflexo da sua humildade, mas revelam o peso das suas lembranças. Ele não se esqueceu do que fez.

Embora tivesse superado seus conflitos, estes geraram cicatrizes indeléveis que estão contidas claramente ou nas entrelinhas de todas as suas cartas. As lágrimas e as feridas que provocou jamais se apagaram da sua memória.

Características positivas da personalidade de Paulo

Paulo era uma pessoa de um conhecimento invejável. Falava hebraico, grego e aramaico. Sua coragem, perspicácia e capacidade de argumentação, expressas em seus escritos, são espantosas. Nos tempos atuais, conseguiria assumir o controle de qualquer equipe de políticos e intelectuais.

Jovem empreendedor, Paulo aproveitava as oportunidades

para cumprir suas metas. Era um excelente orador. Embora fosse exclusivista e preconceituoso, havia dentro de si uma inquietação. Ele buscava respostas. Era agitado, tenso, ansioso.

Apesar de cometer atitudes desumanas, era fiel à sua consciência. Não tinha receio de expressar seus pensamentos em público. Podia correr risco de morrer, mas não conseguia se calar. Nada no mundo o convenceria a mudar suas convicções, a não ser a própria consciência. Por isso, ele se tornou um discípulo de modo totalmente diferente dos demais. Aquilo em que ele acreditava controlava o seu ser. Foi drástico nas perseguições, mas, quando aprendeu a amar o Mestre da Vida, ninguém se entregou tanto à causa (*I Coríntios 13:1 a 13*).

Almejando provocar a maior revolução:
reeditar o filme do inconsciente

A personalidade dos discípulos evidencia o desafio que Jesus iria enfrentar. O único que se encaixava num padrão aceitável de comportamento era Judas, o que o vendeu e o traiu. Não havia modelos. Aparentemente Jesus errara drasticamente em sua escolha. Era necessário revolucionar a personalidade daqueles homens para que eles revolucionassem o mundo.

Seria a maior revolução de todos os tempos. Mas essa revolução não poderia ser feita com o emprego de armas, força, chantagem, pressões, mas com perdão, inclusão, mansidão, tolerância. Seus discípulos não conheciam essa linguagem. O projeto de Jesus parecia loucura. Era quase impossível atuar nos bastidores da mente dos discípulos, transformar as matrizes conscientes e inconscientes de suas memórias e tecer novas características de personalidade neles.

Quando alguém nos ofende ou contraria, detona-se o gatilho da memória que em milésimos de segundo abre algumas janelas do inconsciente: as janelas da agressividade, do ódio, do medo.

Uma área do tamanho da cabeça de um alfinete contém milhares de janelas com milhões de informações no córtex cerebral.

Não sabemos localizar as janelas da memória, tanto as positivas quanto as negativas. Mesmo se soubéssemos, não poderíamos deletá-las ou apagá-las. Deletar informações é a tarefa mais fácil nos computadores. No ser humano é impossível. Todas as misérias, conflitos e traumas arquivados não podem ser apagados. A única possibilidade é reeditá-los ou reescrevê-los. Sem reeditá-los, é impossível transformar a personalidade. Podemos passar anos fazendo tratamento psicoterapêutico sem haver mudanças substanciais. Como reeditar a memória dos discípulos em tão pouco tempo? Jesus tinha pouco mais de três anos para isso.

Se fosse possível submeter os discípulos a um tratamento intensivo com os mais ilustres psiquiatras e psicólogos, os resultados seriam pífios. Por quê? Porque os discípulos não tinham consciência dos seus problemas. A superação de uma doença só pode se dar quando o paciente tem consciência dela, e o seu "eu" é capaz de deixar de ser vítima para tornar-se autor da própria história.

Quando treino um psicólogo, enfatizo que ele deve aprender a estimular o "eu" a reescrever as matrizes da personalidade. O "eu", que representa a vontade consciente, deve deixar de ser espectador passivo das misérias e aprender a conhecer o funcionamento da mente, os papéis da memória, a construção básica das cadeias de pensamentos, para, então, tornar-se líder de si mesmo.

Todas as técnicas psicoterapêuticas, ainda que inconscientemente, objetivam a reedição do filme do inconsciente e o resgate da liderança do "eu". Quanto maior a consciência, maior a eficiência.

Por que é tão difícil mudar a personalidade? Porque ela é tecida por milhares de arquivos complexos que contêm inúmeras informações e experiências nos solos conscientes e inconscientes da memória. Não temos ferramentas que possam mudar magicamente esses arquivos que se inter-relacionam multifocalmente. Alguns teóricos da psicologia creem que a personalidade se cristaliza até os 7 anos. Mas esta é uma visão simplista da psique. Embora seja uma tarefa difícil, é sempre possível transformar a personalidade em qualquer época da vida, principalmente, como disse, se o "eu" deixar de ser espectador passivo, subir no palco da mente e se tornar diretor do roteiro dos pensamentos e das emoções.

Esse conceito representa, na minha opinião, o topo da psicologia mais avançada. Ele se refere ao gerenciamento dos pensamentos e das emoções. Esse gerenciamento tem grandes aplicações em todas as áreas: psicologia clínica, ciências da educação, ciências políticas, sociologia, direito, filosofia.

Os antidepressivos e os tranquilizantes são úteis, mas não reeditam o filme do inconsciente e não levam o ser humano a gerenciar suas angústias, ansiedades ou ideias negativas. Se não trabalhar nas matrizes da memória e não aprender a ser líder de si mesmo, a pessoa será uma eterna dependente dos psiquiatras e dos medicamentos, ainda que os psiquiatras não desejem tal dependência.

O grande desafio de Jesus

Os discípulos eram vítimas das características doentias da sua personalidade. Estavam saturados de áreas doentias nos solos conscientes e inconscientes da memória. Não tinham a mínima capacidade de gerenciamento da sua psique nos momentos de tensão. Como ajudá-los? Como reescrever a sua memória?

Não há milagres, o processo é complexo. Para reescrever os arquivos da memória é necessário sobrepor novas experiências às antigas. As experiências de tolerância devem sobrepor-se às de discriminação; as experiências de segurança às do medo; as da paciência devem ser registradas em todos os milhares de arquivos que contêm muita agressividade, e assim por diante. As novas experiências devem ser sobrepostas à medida que os arquivos contaminados se abrem nos focos de tensão.

Quando surgem o medo, a crise de pânico, as reações agressivas, os pensamentos negativos, o "eu" deve aproveitar a oportunidade para assumir o papel de diretor do roteiro do teatro da mente e reescrevê-los. Como fazer isso? Criticando, confrontando, analisando inteligentemente cada experiência. Desse modo, ricas experiências se sobreporão aos arquivos contaminados. Assim são reurbanizadas as favelas da memória.

Veja o grande problema enfrentado por Jesus. Os discípulos não sabiam atuar no seu próprio mundo interno. Não tinham consciência das suas limitações. Eram tímidos espectadores diante dos seus conflitos. Não aprenderam a mergulhar dentro de si mesmos nem a rever suas vidas. Como ajudá-los?

À medida que acompanhavam Jesus, os discípulos pareciam reeditar os arquivos que continham suas reações agressivas e intolerantes. Por algum tempo mostraram-se amáveis e gentis com todos os que os rodeavam. Poderiam achar que tinham se tornado os homens mais pacientes e tolerantes da terra. Mas muitos arquivos na periferia da memória, que estão nos becos do inconsciente, não foram reeditados.

De repente, quando alguém os rejeitou ou criticou, detonou-se o gatilho da memória, abriram-se algumas janelas e esses arquivos ocultos apareceram. Então, novamente, eles reagiram impulsivamente, ferindo as pessoas sem pensar nas consequências dos seus atos. Eles tiveram recaída. O que fazer? Desistir? Jamais! Nesses casos só há um caminho: continuar reeditando novos arquivos. As recaídas não devem causar desânimo, mas, ao contrário, devem produzir uma motivação extra para continuar a reescrever os arquivos que não foram trabalhados.

Como Jesus não queria apenas melhorar o ser humano, mas

transformá-lo de dentro para fora, teria de lidar com todas as recaídas dos seus discípulos. Teria de ter uma paciência incomum, animado por uma esperança fenomenal. E teve! Nunca alguém revelou tanta paciência. Os discípulos não entendiam quase nada do que ele dizia. Faziam o contrário do que ouviam, mas ele acreditava ser capaz de transformar a vida de todos eles. Os discípulos frustraram Jesus durante mais de três anos. Nas últimas horas, antes de morrer, eles o decepcionaram mais ainda. O mestre tinha todos os motivos do mundo para esquecê-los. Jamais desistiu deles, nem mesmo do seu traidor. Que amor é esse que não desiste?

Jesus sabia que seu projeto levaria uma vida toda. Ele demonstrava com seus gestos e palavras que detinha o mais elevado conhecimento de psicologia. Ambicionava algo mais profundo do que os psicólogos atuais. Desejava que os discípulos reescrevessem diariamente os principais capítulos da sua história baseados em novas, belas e elevadas experiências existenciais. Criou deliberadamente ambientes pedagógicos nas praias, montes, sinagogas, para produzir ricas experiências e sobrepô-las aos arquivos doentios que teciam a colcha de retalhos das suas personalidades. Foi um verdadeiro treinamento. O maior já realizado conscientemente.

Vamos examinar como Jesus programou a mudança da personalidade dos seus jovens discípulos. As parábolas, os leprosos, as perseguições e os riscos de morte – tudo fazia parte do seu treinamento.

CAPÍTULO 4

O vendedor de sonhos

Somos a única geração de toda a história que conseguiu destruir a capacidade de sonhar e de questionar dos jovens. Nas gerações passadas, os jovens criticavam o mundo dos adultos, rebelavam-se contra os conceitos sociais, sonhavam com grandes conquistas. Onde estão os sonhos dos jovens? Onde estão seus questionamentos?

Eles são agressivos, mas sua rebeldia não é contra as "drogas" sociais que construímos, mas porque querem ingeri-las em doses cada vez maiores. Eles não se rebelam contra o veneno do consumismo, a paranoia da estética e a loucura do prazer imediato produzidos pelos meios de comunicação. Eles amam esse veneno. O futuro é pouco importante, o que importa é viver o hoje intensamente. Não têm uma grande causa pela qual lutar. São meros consumidores, números de identidade e de cartões de crédito.

A geração de jovens que cresceu envolvida pelo consumismo e pela paranoia da estética deixou de sonhar. Eles perderam rapidamente o encanto pela vida. As nações modernas estão pagando um preço alto por terem matado os sonhos dos seus filhos.

Elas assistem perplexas seus jovens se suicidando, se drogando, desenvolvendo transtornos psíquicos.

Os programas infantis que estimulam o consumismo e não promovem o desenvolvimento das funções mais importantes da inteligência, como a capacidade de pensar antes de reagir ou de trabalhar frustrações, cometeram um crime emocional contra as crianças. Todas as imagens desses programas são registradas nos solos conscientes e inconscientes da memória infantil, contaminando o amor pela vida e a estruturação do "eu" como líder da psique.

Os presentes e os objetos que nossas crianças avidamente consomem produzem um prazer rápido e superficial. A emoção torna-se instável e ansiosa. Passados alguns dias, perdem o prazer pelo que possuem e procuram outros objetos para tentar satisfazer-se, gerando um mecanismo cujos princípios assemelham-se à dependência psicológica das drogas. A felicidade se torna uma miragem.

Meu objetivo ao escrever o livro *Dez leis para ser feliz* é mostrar que a felicidade não é obra do acaso, mas uma conquista. Nele, entre as 10 ferramentas da psicologia, mostro como gerenciar os pensamentos, administrar as emoções, contemplar o belo, trabalhar as perdas e frustrações, para conquistar qualidade de vida nesta belíssima e turbulenta existência. Se os jovens não aprenderem a usar essas ferramentas, não sonharão e não conhecerão dias felizes.

Os pais e professores deveriam ser vendedores de sonhos. Deveriam plantar as mais belas sementes no interior de filhos e alunos para fazê-los intelectualmente livres e emocionalmente brilhantes. Jesus Cristo tem muito a nos ensinar nesse sentido. É o que vamos ver.

Um vendedor de sonhos

A vida sem sonhos é como um céu sem estrelas, como uma manhã sem orvalho, seca e árida.

Jesus foi o maior vendedor de sonhos de que já se teve notícia. Parece estranho usar a expressão "vendedor de sonhos", pois sonhos não se vendem. Mas essa expressão é poética e procura retratar a capacidade inigualável do Mestre da Vida em inspirar a emoção das pessoas e revolucionar sua maneira de ver a vida.

Num mundo onde tudo é vendido, tudo tem seu preço, Jesus chamou alguns jovens completamente despreparados e, paulatinamente, lhes vendeu gratuitamente aquilo que não se pode comprar: os mais fascinantes sonhos que um ser humano pode sonhar.

O Mestre dos Mestres andava clamando nas cidades, vielas e à beira da praia, discorrendo sobre suas ideias. Seu discurso contagiante eletrizava os ouvintes. Quais foram os principais sonhos que abriram as janelas da inteligência dos seus discípulos e irrigaram suas vidas com uma meta superior?

A – O sonho de um reino justo: o reino dos céus

Jesus foi anunciado por João Batista, um homem incomum que proclamava em voz alta: "*Arrependei-vos, porque está próximo o reino dos céus*" (*Mateus 3:2*). As pessoas que o ouviam ficavam perplexas. Elas deviam se perguntar: "Quem é este homem? O que ele está dizendo? Conhecemos os reinos da terra, conhecemos o Império Romano, mas nunca ouvimos falar de um reino dos céus. O que significa arrepender-se para receber um novo reino?"

"Arrepender-se" parece uma simples palavra, mas, na realidade, é uma das mais importantes tarefas da inteligência humana. Os computadores jamais desempenharão essa tarefa. Ela é mais importante do que o armazenamento de bilhões de dados. No futuro, os computadores poderão ter milhões de vezes a capacidade de armazenar e processar informações do que os atuais, mas jamais se arrependerão de seus erros. Poderão apontar erros, mas não terão consciência deles, não se arrependerão ou terão sentimento de culpa.

Quando você falha e tem consciência dessa falha, quando se arrepende e pede desculpas, você está, nesse simples ato, sendo mais complexo do que os supercomputadores. Por isso, os fortes reconhecem seus erros, os fracos não os admitem; os fortes admitem suas limitações, os fracos as disfarçam. Sob a ótica desses parâmetros, constatamos que há muitos intelectuais que são fracos, e muitos seres humanos desprovidos de cultura acadêmica que são fortes.

A palavra "arrepender-se" usada por Jesus explorava uma importante função da inteligência. Ela não significava culpa, autopunição ou lamentação, mas fazer uma revisão de vida, corrigir as rotas do pensamento e dos conceitos. Os que não têm coragem de rever suas vidas serão sempre vítimas, e não autores, da própria história.

Retomando o discurso de João Batista, o Mestre dos Mestres falava de um reino que estava além dos limites tempo-espaço, fora da esfera das relações sociais e políticas dos governos humanos. Era um reino de outra dimensão, com outra organização e estrutura. Ele seduzia seus ouvintes com um reino onde a justiça faria parte da rotina social, a paz habitaria o território da emoção, as angústias e aflições humanas deixariam de existir. Não era este um grande sonho?

Os judeus conheceram o reino de Herodes, o Grande, que governou Israel por décadas. Seu reino foi desumano e explorador. Após sua morte, Israel foi dividido entre a Galileia e a Judeia. Nos tempos de Jesus, o imperador romano passou a designar governadores. Pilatos governava a Judeia, onde ficava Jerusalém, e Herodes Antipas, a Galileia.

Para agradar Roma e mostrar fidelidade, Pilatos e Herodes Antipas governavam com mão de ferro essas duas regiões. Os impostos eram pesados. O povo passava fome. Qualquer movimento social era considerado subversão ao regime, e massacrado. Crianças e adultos viviam atemorizados. Era esse reino injusto e violento o que os judeus conheciam. Um governo em que uma maioria sustentava as benesses de uma minoria.

Nesse clima apareceu o homem Jesus, sem exércitos nem pompa, desafiando o poderoso Império Romano ao proclamar um outro reino em que cada ser humano não seria mais um número na multidão, onde cada miserável teria status de príncipe. Nesse reino, ninguém jamais seria excluído, discriminado, ofendido, rejeitado, incompreendido.

Jesus não tinha a aparência, as vestes e os exércitos de um rei, mas era um vendedor de sonhos. Atrás dele seguia uma pequena comitiva formada por um grupo de jovens atônitos com suas palavras. Os jovens eram frágeis e desqualificados, mas começavam a empunhar a bandeira de mudança do sistema social. Eles conheciam pouco aquele a quem seguiam, mas estavam animados com sua coragem de enfrentar o mundo.

Era uma época de terror. O momento político recomendava discrição e silêncio. Mas nada calaria a voz do mais fascinante vendedor de sonhos de todos os tempos. Ele morreria por seus sonhos, jamais desistiria deles. Foi um Mestre Inesquecível.

B – O sonho da liberdade: cárcere físico e emocional

Nada cala tão fundo na alma humana como a necessidade de liberdade. Sem liberdade, o ser humano se destrói, se deprime, torna-se infeliz e errante. Jesus vendia o sonho da liberdade nos seus aspectos mais amplos. Suas palavras são atualíssimas. Vivemos em sociedades democráticas, falamos tanto de liberdade, mas, frequentemente, não somos livres dentro de nós mesmos.

As prisões sempre foram um castigo que pune muito mais a emoção do que o corpo. Elas não corrigem o comportamento, não educam, não reeditam os arquivos doentios da memória que conduziram o indivíduo a praticar o crime. O sistema carcerário não transforma a personalidade de um criminoso, apenas impõe dor emocional. Os presidiários sonham em ser livres: livres para andar, sair, ver o sol, contemplar flores. Alguns cavam túneis durante anos para tentar escapar. O desejo de liberdade os consome diariamente.

A ditadura política é outra forma de controle da liberdade. Um ditador controla um povo utilizando as armas e o sistema policial como ferramentas que oprimem e dominam. As pessoas não são livres para expressar suas ideias. Além da ditadura do Estado, existe a ditadura emocional e a intelectual. Há muitos ditadores inseridos nas famílias e nas empresas.

O mundo tem de girar em torno desses ditadores. Suas verdades são absolutas. Não permitem que as pessoas expressem suas ideias nem admitem ser contrariados. Impõem medo aos filhos e à esposa. Ameaçam despedir seus funcionários. Gostam de proclamar: "Eu faço! Vocês dependem de mim! Eu pago as contas! Eu mando aqui! Quem não estiver contente que vá embora!"

Esses ditadores parecem livres, mas, de fato, são prisioneiros. Controlam os outros porque são escravos dentro de si mesmos, controlados por seu orgulho, arrogância, agressividade. Escondem sua fragilidade atrás de dinheiro ou de poder. Toda pessoa autoritária, no fundo, é frágil. Os fracos usam a força, os fortes usam o diálogo. Os fracos dominam os outros, os fortes promovem a liberdade. Existem diversas formas de restrição à liberdade. A exploração emocional é uma delas. Uma minoria de ídolos fabricados pela mídia explora a emoção de uma grande maioria. A massificação da mídia faz com que muitos gravitem em torno de alguns atores, esportistas, cantores, como se fossem supra-humanos.

A fama é a maior estupidez intelectual das sociedades modernas. Embora seja extremamente valorizada, a fama gera infelicidade. Apenas seus primeiros degraus provocam prazer. O sucesso é legítimo. Devemos lutar para alcançar sucesso na profissão, nos relacionamentos, na realização de nossas metas. Mas o sucesso buscado em vista da fama pode se tornar uma grande armadilha emocional, pois, frequentemente, gera angústia, solidão, perda da simplicidade e da privacidade.

Na realidade, não existem semideuses. Não há pessoas especiais que não sejam comuns nem comuns que não sejam especiais. Todos temos problemas, incertezas, ansiedades e dificuldades. A exploração da fama produzida pela mídia tem destruído os sonhos mais belos dos jovens.

Eles deixam de admirar as atividades dos seus pais. Não encontram gosto nos prazeres simples. Não apreciam o esforço cotidiano que fará deles heróis anônimos, realizados em suas profissões. Muitos adolescentes desejam ser personagens famosos que do dia para a noite conquistam as páginas dos jornais. Querem o troféu sem treinamento. Desejam o sucesso sem alicerces. São candidatos à frustração nesta existência que é tão breve.

Jesus falava de uma liberdade poética. Não pressionava ninguém a segui-lo. Nunca tirava proveito das situações para controlar as pessoas. Muitos políticos, mesmo os medíocres, contratam profissionais de marketing para promovê-los e para exaltar seus feitos.

O Mestre dos Mestres, ao contrário, gostava de se ocultar. Era tão delicado, que não explorava a emoção das pessoas que ajudava e curava. Sua ética não tem precedente na história. Encorajava-as a continuar o seu caminho. Se quisessem segui-lo, tinha de ser por amor.

O resultado de seu comportamento foi que na terra do medo as pessoas aprenderam a amar. Amaram aquele que vendia o sonho do amor gratuito e incondicional. Compraram o sonho de um reino distante sobre o qual ele havia falado, mas já haviam conquistado o maior de todos os sonhos – o do amor. O Império Romano as dominava. A vida era crua e árida, mas elas estavam livres dentro de si mesmas. O amor as libertara. Nada é mais livre do que o amor. Ele transforma pobres súditos em grandes reis, e sua ausência torna grandes reis miseráveis súditos. Quem não ama vive no cárcere da emoção.

C – O sonho da eternidade

Onde estão Confúcio, Platão, Alexandre, o Grande, Cristóvão Colombo, Napoleão Bonaparte, Hitler, Stalin? Todos pareciam tão fortes! Cada um a seu modo: uns na força física, outros na loucura e outros ainda na sabedoria e na gentileza. Mas, por fim, todos sucumbiram ao caos da morte.

Viver é um evento inexplicável. Mesmo quando sofremos e perdemos a esperança, somos complexos e indecifráveis. Não apenas a alegria e a sabedoria, mas também a dor e a loucura revelam a complexidade da alma humana. Como as emoções e as ideias são tecidas nos bastidores da alma humana? Quais são os fenômenos que as produzem e as diluem?

Quanto mais pesquiso esses fenômenos e avanço um pouco na sua compreensão, mais me sinto um ignorante. Por ter desenvolvido a teoria da Inteligência Multifocal, que estuda o funcionamento da mente e a construção dos pensamentos, recebi um título de membro de honra da academia de gênios de um respeitado instituto de um país europeu. Fiquei feliz, mas tenho convicção de não merecê-lo.

Por quê? Porque tenho consciência da minha pequenez diante da grandeza dos mistérios que cercam o infinito mundo da alma ou psique humana. Sabemos muito pouco sobre quem somos. Um verdadeiro cientista tem consciência não do quanto sabe, mas do quanto não sabe. O dia em que deixar de confessar a minha ignorância estou morto como pensador.

Existir, pensar, se emocionar é algo fascinante. Quem pode esquadrinhar os fenômenos que nos transformam num ser que pensa e tem consciência de que pensa? Quem pode decifrar os segredos que produzem o movimento da energia que gera as crises de ansiedade e a primavera dos prazeres?

A produção da menor ideia, mesmo no cerne da mente de um psicótico, é mais complexa do que os mistérios que fundamentam os buracos negros do universo que sugam planetas inteiros. Um professor de Harvard possui os mesmos fenômenos que leem a memória e constroem cadeias de pensamentos de uma criança castigada pela fome.

Ambos possuem um mundo a ser explorado e merecem ser tratados com o mesmo respeito. Infelizmente, o sistema social entorpece nossa mente e dificulta nossa percepção para o espetáculo da vida que pulsa em cada um de nós. Não somos americanos, árabes, judeus, chineses, brasileiros, franceses ou russos. No cerne da nossa inteligência jamais fomos divididos. Somos a espécie humana.

Perdemos o sentido de espécie. Nós nos dividimos pela cultura, religião, nação, cor da pele. Dividimos o que é indivisível. Segmentamos a vida. Se conhecêssemos minimamente as entranhas dos fenômenos que tecem o mundo das ideias e a transformação da energia emocional, nos conscientizaríamos de que somos mais iguais do que imaginamos. A diferença entre os intelectuais e as crianças com necessidades especiais, entre os psiquiatras e os pacientes psicóticos, entre os reis e os súditos está na ponta do iceberg da inteligência. A imensa base é exatamente a mesma.

Apesar de criticar em todos os meus livros as mazelas emocionais, as misérias sociais e a crise na formação de pensadores no mundo moderno, quando estudo os bastidores da mente humana fico boquiaberto. Sinto que a existência de um ser humano é um privilégio fascinante.

Às vezes, quando viajo com minhas filhas à noite e vejo ao longe uma casa com a luz acesa, pergunto a elas: "Quem serão as pessoas que moram naquela casa? Quais são seus sonhos e suas alegrias mais importantes? Quais são seus sofrimentos?" O meu desejo, ao fazer essas perguntas, é humanizar minhas filhas, educar a emoção delas, levá-las a perceber que há um mundo complexo e rico dentro de cada ser humano, não importa quem ele seja. Estou, também, treinando-as a não julgar precipitadamente as pessoas, mas a enxergar além da cortina dos seus comportamentos.

Sinto que, se os pais e os professores conseguissem educar a emoção das crianças desse modo, mais de 90% da violência da sociedade diminuiria no prazo de duas ou três décadas. A vida seria respeitada.

O Mestre dos Mestres amava e respeitava a vida incondicionalmente. Nunca pedia conta dos erros de uma pessoa. Não queria saber com quantos homens a prostituta havia dormido. Suas atitudes eram tão incomuns que ele corria risco de morrer por elas. Conseguia criar vínculos com as pessoas discriminadas, apreciá-las e perdoá-las, porque penetrava dentro delas e as compreendia. Se você não for capaz de compreender as pessoas, será impossível amá-las.

Os leprosos viviam a dor da rejeição e da solidão. Jesus tinha um cuidado especial com eles e lhes oferecia o que tinha de melhor: a sua amizade. Para ele, cada ser humano era um ser único, insubstituível, e não um objeto descartável. Só isso explica o fato de ele dar um imenso valor às pessoas à margem da sociedade. Não concordava com seus erros, mas as amava independentemente das suas falhas.

O sonho da transcendência da morte

Jesus amava tanto a vida que discorria sobre um sonho que até hoje abala os alicerces da medicina: o da transcendência da morte, o sonho da eternidade. Como já comentei nos outros livros, a morte é o atestado de falência da medicina, cujo desejo é prolongar a vida e aliviar a dor. É a mesma aspiração das religiões. Toda religião discorre sobre o alívio da dor, o prolongamento da vida, a superação da morte. Sem dúvida, é um grande sonho. Mas um dia vivenciaremos sozinhos, destituídos de dinheiro e poder, o fenômeno que mais depõe contra a vida: o caos da morte.

As pessoas que afirmam não ter medo da morte ou possuem uma fé profunda ou falam sobre o que não refletiram. Quando realmente estiverem diante do fim da vida, ocorrerá uma explosão de ansiedade e elas se comportarão como crianças amedrontadas diante do desconhecido.

A morte está diariamente em destaque em toda a mídia. No cinema, nos jornais e revistas, a morte é destacada como notícia, seja em acidentes, guerras ou doenças. Na pintura, na literatura e na música, ela recebe também um relevante destaque.

Porém, apesar de a morte estar na pauta principal de nossas ideias, frequentemente nós nos recusamos a pensar profundamente sobre ela como fenômeno. Quais as consequências da morte para a capacidade de pensar? O que acontece com a grande enciclopédia da memória com a decomposição do cérebro? É possível resgatar nossa história?

Do ponto de vista científico, nada é tão drástico para a memória e para o mundo das ideias quanto a morte. A memória se desorganiza, bilhões de informações se perdem, os pensamentos deixam de ser produzidos, a consciência mergulha no vácuo da inconsciência.

O caos do cérebro destrói o direito mais fundamental do ser

humano: o direito de ter uma identidade, de ter consciência de si mesmo, de possuir uma história.

Sabendo das consequências da morte, Jesus vendeu o sonho da eternidade. Para os seus seguidores – que viram muitos pais chorando diante do leito de suas crianças, filhos clamando para que seus pais revivessem e pessoas inconsoláveis pela perda dos amigos –, a morte era uma fonte de dor.

Ao ouvir de muitas formas e em muitos lugares o Mestre da Vida afirmar eloquentemente que ele estava na terra para que a humanidade conquistasse a imortalidade, seus discípulos sentiram um grande júbilo. Um júbilo que continuou a ecoar pelos séculos.

A alma anseia pela eternidade

Quem não almeja a eternidade? Todos. Mesmo aqueles que pensam em suicídio têm sede e fome de viver. Querem apenas exterminar a dor que estrangula sua emoção, e não a vida que pulsa dentro de si. Fazemos seguros de vida, colocamos fechadura nas portas, tomamos medicamentos, desenvolvemos uma complexa medicina e todo tipo de ciência porque temos sede de viver.

Na pequena e belíssima cidade de Valdemossa, na ilha de Maiorca, existe um convento dos monges cartuxos. Os cartuxos vivem na clausura, sem qualquer contato com a sociedade, em completo silêncio. Podem conversar apenas uma hora por semana para tratar de assuntos da administração do mosteiro.

O que move esses homens? Por que deixaram tudo para trás e foram viver dessa forma? Uma frase resume a sua filosofia de vida e o motivo pelo qual seguem Jesus Cristo: "Nós nos calamos porque o anseio da nossa alma pela imortalidade não pode ser expresso por palavras..." Esta frase resume não apenas a filosofia dos cartuxos, mas um anseio inconsciente e incontrolável. Nossa alma clama pela eternidade.

Antigamente, muitos psiquiatras, inclusive eu, achavam que ter uma religião era um sinal de fragilidade intelectual. Hoje, sabemos que pode ser sinal de grandeza intelectual, emocional e espiritual. Nossa ciência ainda está na idade da pedra para dar respostas às questões mais importantes da vida. Continuamos não sabendo quem somos e para onde vamos. Para nosso espanto, porém, Jesus respondia a essas questões com uma segurança impressionante.

Segundo as biografias de Jesus, esse sonho se tornou realidade após a sua crucificação. Os quatro evangelhos relatam que Jesus venceu o que é impossível para a ciência: o caos da morte. Ele conseguiu resgatar sua vida e sua identidade, conseguiu preservar o tecido da sua memória, superar aquilo que para a medicina é uma miragem. A crença nesse fato entra na esfera da fé e, portanto, extrapola os objetivos desta coleção.

Enquanto andavam pela Judeia e Galileia, a eternidade era apenas um sonho para seus seguidores. Mas era um sonho belíssimo, um bálsamo para a vida tão fugaz e mortal. Com esse sonho, ele cativou os jovens discípulos, dando um outro significado às suas vidas e produzindo a mais bela esperança. As dores e perdas passaram a ser vistas de outro modo. Os acidentes e as catástrofes começaram a ser suportados e superados. As lágrimas dos que ficaram se tornaram gotas de orvalho anunciando o mais belo amanhecer. Os discípulos passaram a crer que, um dia, o sol voltaria a brilhar depois da mais longa tempestade.

À medida que o Mestre dos Mestres vendia o sonho da eternidade, o número de seus discípulos aumentava. Nunca tinham ouvido alguém dizer tais palavras. Eram jovens e inexperientes e conheciam pouco aquele que estavam seguindo e o que os aguardava, mas foram contagiados pelo mais eloquente vendedor de sonhos. Se você estivesse nas praias da Galileia ou nas cidades por onde Jesus passava, você também seria contagiado?

D – O sonho da felicidade inesgotável

Existe equilíbrio no campo da energia psíquica, como alguns psiquiatras e psicólogos creem? Não. É impossível exigir estabilidade plena da energia psíquica, pois ela organiza-se, desorganiza-se (caos) e reorganiza-se continuamente. Não existem pessoas que são sempre calmas, alegres e serenas, nem pessoas ansiosas, irritadas e incoerentes em todos os momentos.

Ninguém é emocionalmente estático, a não ser que esteja morto. Devemos nos comportar dentro de determinado padrão para não sermos instáveis, mas esse padrão sempre refletirá uma emoção flutuante. A pessoa mais tranquila tem seus momentos de ansiedade, e a mais alegre, seus períodos de angústia.

Não deseje ser estável como os robôs. Não se perturbe se você é uma pessoa oscilante, pois não é possível nem desejável ser rigidamente estável. O que você deve evitar são as grandes e bruscas oscilações, como as produzidas pela impulsividade, mudança súbita de humor, medo. Quem é explosivo torna-se insuportável, quem é excessivamente previsível torna-se um chato.

O campo de energia psíquica vive num estado contínuo de desequilíbrio e transformação. O momento mais feliz de sua vida desapareceu, e o mais triste se dissipou. Por quê? Porque a energia psíquica do prazer ou da dor passa inevitavelmente pelo caos e se reorganiza em novas emoções. Somos um caldeirão de ideias e uma usina de emoções. Simplesmente não é possível interromper a produção dos pensamentos nem a dos sentimentos.

Os problemas nunca vão desaparecer durante nossa existência. Problemas existem para ser resolvidos e não para perturbar-nos. Quando a ansiedade ou a angústia invadir sua alma, não se desespere, extraia lições de sua aflição. É a melhor maneira de ter dignidade na dor. Caso contrário, sofrer é inútil. E, infelizmente, a maioria das pessoas sofre inutilmente. Elas expandem sua miséria sem enriquecer a sua sabedoria.

Uma pesquisa que realizei sobre a qualidade de vida da população da cidade de São Paulo mostrou números chocantes: 37,8% dos habitantes estão ansiosos (são mais de cinco milhões de pessoas); 37,4% apresentam déficit de memória ou esquecimento; 30,5% sentem fadiga excessiva; 29,9% sentem dores musculares, e 29,1%, dor de cabeça.

Por incrível que pareça, 82% dos habitantes da principal capital da América Latina estão apresentando dois ou mais sintomas. Se realizarmos a mesma pesquisa em qualquer média ou grande cidade, como Nova York, Londres, Paris, Tóquio, encontraremos números semelhantes. A flutuação emocional e a construção de pensamentos atingiram patamares doentios.

Há mais de três milhões de pessoas, incluindo jovens e adultos, com transtorno do sono em São Paulo. Elas vivem uma guerra na própria cama. Qual guerra? A guerra de pensamentos. Levam os seus problemas e todo o lixo social que acumularam durante o dia para o que deveriam preservar: o sono. Por não aquietarem suas mentes, roubam energia excessiva do cérebro. Qual é a consequência? Acordam cansadas, apesar de não terem feito exercícios físicos. Mesmo quando dormem, o sono não é reparador, pois ele não consegue repor a energia gasta pela hiperprodução de pensamentos. Pensar é bom, pensar demais é um dos principais problemas que destroem a qualidade de vida dos seres modernos. Das 10 principais causas que têm feito adoecer o ser humano, seis são sociais: o medo do futuro, a insegurança, a crise financeira, o medo de ser assaltado, a solidão, o desemprego.

As sociedades modernas se tornaram uma fábrica de estímulos agressivos. As pessoas não têm defesa emocional; pequenos problemas causam grande impacto. Ficam anos na escola aprendendo a conhecer o mundo exterior, mas não sabem quase nada sobre a produção dos pensamentos, a forma de gerenciá-los e de administrar suas frustrações e angústias. Desconhecem que os pensamentos negativos e as emoções tensas são registrados automaticamente na memória e não podem mais ser deletados, apenas reeditados. A educação moderna, apesar de ter ilustres professores, está falida, pois não prepara os alunos para a escola da vida.

Temos sido vítimas da depressão, da ansiedade e das doenças psicossomáticas. Esperávamos que o ser humano do século XXI fosse feliz, tranquilo, solidário, saudável. Multiplicamos os conhecimentos e construímos carros, geladeiras, telefones e inúmeros equipamentos para facilitar nossa vida, para nos dar conforto e alegria. No entanto, nunca o ser humano se sentiu tão desconfortável e estressado. Essas mazelas emocionais, intensificadas nos dias atuais, sempre estiveram presentes em toda a história da humanidade, manchando-a com guerras, discriminações, injustiças, agressões.

Ser feliz é o requisito básico para a saúde física e intelectual. Mas, do ponto de vista da psicologia, ser feliz não é ter uma vida perfeita, e sim saber extrair sabedoria dos erros, alegria das dores, força das decepções, coragem dos fracassos.

O maior de todos os sonhos

Os comentários acima servem de pano de fundo para falar sobre o vendedor de sonhos. Logo após o encontro com João Batista, Jesus retornou à Galileia e começou a discorrer, de sinagoga em sinagoga, sobre sua missão. As pessoas deliravam com sua eloquência. Sua fama se alastrava como fagulha na palha seca. Então, ele foi até Nazaré e discursou na sinagoga sobre alguns dos seus mais belos sonhos. Seu projeto era espetacular.

Na plateia estavam pessoas que o viram crescer. Elas certamente não dariam muito crédito às suas palavras, não valorizariam o plano transcendental do carpinteiro. Não era o melhor lugar para dizer as coisas fundamentais que ocupavam seus pensamentos. Mas Jesus sempre ia contra a lógica. Não tinha medo de ser rejeitado, a crítica não o perturbava.

Na plateia também estavam seus jovens discípulos e um grupo de fariseus desconfiados de tudo o que ele dizia. Com grande convicção, o mestre elevou a voz e pronunciou palavras que provocaram encanto e surpresa. Disse que estava nesta terra para proclamar a libertação aos cativos, restaurar a vista dos cegos e colocar em liberdade os oprimidos (*Lucas 4:18*). Sua real profissão não era ser um carpinteiro, mas um escultor da alma humana, um libertador do cárcere do medo, da ansiedade, do egoísmo. Jesus queria libertar os cativos e os oprimidos. Também queria curar os cegos, não apenas os cegos cujos olhos não veem, mas aqueles cujos corações não enxergam. Os cegos que têm medo de confrontar-se com as próprias limitações, que não conseguem questionar o real sentido de vida. Os cegos que são especialistas em julgar e condenar, mas que são incapazes de olhar para as suas próprias fragilidades.

A plateia ficou chocada. Quem era esse homem que se colocava como carpinteiro da emoção? Não parecia o mesmo menino que tinha crescido nas ruas de Nazaré. Não parecia o adolescente que seguia os passos do pai nem o homem que suava ao carregar toras pesadas de madeira. Não entenderam que o menino que brincava nas cercanias de Nazaré não apenas era inteligente, mas tinha crescido em sabedoria e se tornara, pouco a pouco, um analista da alma. Não faziam ideia de que o homem que se formara naquela pequena cidade tinha mapeado a personalidade humana como nenhum pesquisador da psicologia e se tornara o Mestre dos Mestres.

Jesus não apenas conheceu nossos erros e defeitos exteriores, mas também analisou o funcionamento da nossa mente e compreendeu como as nossas mazelas psíquicas são produzidas no mais íntimo do nosso ser. Só isso explica por que ele foi tão tolerante com nossas falhas, por que deu a outra face aos seus inimigos, por que nunca deixou de dar chances ao inseguro, por que nunca desistiu de perdoar.

Quando Jesus terminou o seu discurso na sinagoga de Nazaré, todos ali, instigados pelos fariseus, se enfureceram. Arrastaram-no para fora, querendo matá-lo. Mostraram que eram escravos dos seus preconceitos. Não podiam aceitar que um carpinteiro tivesse tão grande missão. Mostraram que eram cativos e cegos. Eram livres por fora e oprimidos por dentro. Os discípulos ficaram assustadíssimos. Começaram a entender a dimensão do problema em que tinham se envolvido. Jesus vendia o maior de todos os sonhos, o sonho de uma alma arejada, saudável, livre, feliz. Ele queria ajudar o ser humano a romper os grilhões dos conflitos que controlavam e sufocavam a psique. Mas quem estaria disposto a ser ajudado?

Jesus discorreu sobre as causas da ansiedade com grande lucidez. Suas ideias ainda perturbam a psiquiatria e a psicologia modernas. Afirmou que precisamos gerenciar os pensamentos, e não gravitar em torno dos problemas do amanhã. Ele contemplava as flores e dizia que devemos procurar a grandeza das coisas simples.

Certa vez, ele foi mais longe no seu discurso. Na festa que antecedeu sua prisão, desprezando o medo e a tensão do ambiente, convidou as pessoas a beberem de sua felicidade. Nunca alguém foi tão feliz na terra de infelizes. A morte o rondava, e ele homenageava a vida. O medo o cercava, mas ele estava mergulhado num mar de tranquilidade. Que homem é esse, apaixonado pela vida mesmo quando o mundo está desabando sobre ele?

O seu discurso foi relevante e complexo. Ele disse que os que cressem nele teriam acesso a um rio de águas vivas que fluiria do seu próprio interior. Ao usar a imagem do rio, ele quis transmitir que a energia psíquica não é estável, mas flutuante.

Queria mostrar que o sonho da felicidade passa por um constante estado de renovação emocional no qual não há tédio, angústia, rotina. Nesse estado, o prazer é inesgotável, mas não estável ou estático. Mostrava que era possível plantar flores nos desertos, destilar orvalho na terra seca, extrair alegria das frustrações. Não bastava ser eterno, ele queria que cada ser humano encontrasse uma felicidade permanente e serena dentro de si.

O vendedor de sonhos deixava perplexos seus ouvintes, tanto os seguidores quanto os perseguidores. Na ocasião dessa festa, a escolta de soldados que estava incumbida de prendê-lo ficou paralisada. Era muito fácil aprisioná-lo, ele não tinha qualquer proteção. Mas quem consegue aprisionar um homem que abala os pensamentos? Quem consegue amordaçar um vendedor de sonhos que liberta a emoção? Os soldados voltaram de mãos vazias.

Os líderes de Israel que os enviaram ficaram indignados. Inquiridos, os soldados responderam: "Nunca alguém falou como este homem." Impactados com o que ouviram, eles desejaram ansiosamente beber da felicidade sobre a qual Jesus falava.

Não foram seus milagres que mudaram a história da humanidade. Foram seus sonhos. Jesus Cristo tem feito bilhões de pessoas sonharem ao longo dos séculos. Ele foi o maior vendedor de sonhos da história. Seus sonhos alimentaram a esperança dos portadores de câncer, dos que perderam seus amados, dos que sofreram injustiças, dos que tombaram no caminho, trazendo-lhes paz em meio às tormentas e refrigério no árido solo da existência.

Sob o toque dos seus sonhos, mesmo aqueles que não passaram por turbulências encontram algo tão procurado e tão difícil de ser encontrado: o sentido da vida.

CAPÍTULO 5

O coração dos discípulos: os solos da alma humana

Os inimigos e os amigos o desconheciam

Envolvidos pelos sonhos de Jesus, os jovens discípulos tiveram a coragem de virar a página da sua história e segui-lo. Deixaram para trás o futuro que haviam traçado. Se tivessem ouvido João Batista anunciá-lo, achariam que ele era alguém capaz de arregimentar o maior de todos os exércitos e valer-se de sua força para que o mundo se dobrasse aos seus pés. Mas ficavam impressionados com aquelas palavras que penetravam no âmago de seu ser. Tudo o que Jesus fazia quebrava os paradigmas e os conceitos estabelecidos. Ele revelava um poder descomunal, mas preferia dar ênfase à sensibilidade. Discursava sobre a eternidade, parecia tão superior a todos, mas tinha a humildade de se curvar aos pés de pessoas simples. Ele preferia a inteligência à força, a sabedoria ao poder. Quem era ele?

Jesus era econômico nas palavras. Nós exageramos no discurso, falamos em excesso, mas ele era ponderado. Sabia como era difícil para os discípulos compreender seu projeto, suas ideias, seus sonhos. Por isso, nutria-lhes lentamente a alma e o espírito, como uma mãe que acalenta seus filhos. Tinha uma grande ambição: transformar os seus incultos discípulos e torná-los tochas vivas que pudessem incendiar o mundo com seus projetos e sonhos.

Ele não falava claramente sobre sua personalidade e objetivos. Seus inimigos ficavam atordoados com seus gestos; seus amigos, fascinados com suas palavras. Inimigos e amigos tinham suas mentes inundadas de dúvidas.

Os inimigos não sabiam a quem perseguiam, e os amigos não sabiam a quem seguiam. Só sabiam que era impossível ficar indiferente a ele.

A parábola do semeador: o mais excelente educador

Jesus era um brilhante contador de histórias. Com suas parábolas, o Mestre dos Mestres conseguia resumir assuntos que poderiam ser discutidos em vários livros. Assim ele educava os discípulos.

Certa vez, ele contou uma história belíssima que sintetizava a sua grande missão: a parábola do semeador (*Mateus 13:3*). De forma simbólica, classificou o coração humano como vários tipos de solos. Não falou de erros, acertos, sucessos ou fracassos para nos classificar. Classificou o coração emocional e intelectual do ser humano por sua receptividade, desprendimento e disposição para aprender.

Ao contrário da educação atual, Jesus não usava as palavras para transmitir informações lógicas nem via a memória como um depósito dessas informações. A memória era um solo que deveria receber sementes que, uma vez germinadas, se desenvolviam e iriam frutificar.

Frutificar onde? No território da emoção e no anfiteatro dos pensamentos. Quais seriam os frutos? Amor, paz, segurança, sensibilidade, solidariedade, perdão, mansidão, capacidade de doação, habilidade para pensar antes de reagir. Ele conquistava o espírito das pessoas, o cerne do ser humano, gerando inspiração, desejo ardente de mudança, criatividade e arte de pensar. Atingia algo que a educação clássica almeja, mas não atinge. Ele queria produzir pensadores, e não meros repetidores.

Seu desejo não era corrigir comportamentos nem produzir pessoas que reagissem como robôs bem-comportados. Jesus plantava sementes nos solos conscientes e inconscientes da memória de seus seguidores, objetivando que elas transformassem suas personalidades ao longo da vida. Sua tarefa era gigantesca, pois seus discípulos tinham uma estrutura emocional e intelectual distorcida e sem alicerces profundos.

Sua visão sobre educação e sua prática de transformação da personalidade foram manifestadas há 20 séculos, mas são atualíssimas, capazes de chocar a educação moderna.

Os solos da alma humana: o coração dos discípulos

Durante 30 anos, Jesus pesquisou atenta e silenciosamente o processo de formação da personalidade. Era um especialista em detectar nossas dificuldades. Sabia que ferimos as pessoas que mais amamos, que perdemos facilmente a paciência, que somos governados por nossas preocupações. Em vez de nos acusar, ele nos estimula a pensar.

O Mestre dos Mestres era um plantador de sementes. Sabia que a personalidade não muda num passe de mágica. Era um educador de princípios, um pensador perspicaz, arguto e detalhista. Por que ele se posicionou como um semeador e comparou o coração psicológico a um solo? Porque não queria dar meros ensinamentos, regras de comportamentos e normas de conduta.

No Velho Testamento, as leis tentaram corrigir o ser humano, disciplinlá-lo, fazê-lo ter uma convivência social saudável, mas falharam. Apesar das leis serem normas de conduta excelentes, a agressividade, o egoísmo e as injustiças nunca foram extirpados, ao contrário, afloraram com mais força.

A lei e as regras de conduta tentam mudar o ser humano de fora para dentro. As sementes que o Mestre da Vida queria plantar procuravam mudá-lo de dentro para fora. Não há figura mais bela para um educador do que a de ser também um semeador. Um educador que semeia é um revolucionário. Ele perde o controle sobre o que planta. As sementes terão vida própria e poderão transformar para sempre o sistema emocional e social.

Era isso que Jesus almejava. Ninguém sonhou tanto em mudar o mundo como ele. Mas nunca se valeu de qualquer tipo de violência e pressão para isso. Ele sabia que a mudança só seria real se houvesse uma mudança da alma e do espírito humanos.

Os quatro tipos de solos que ele descreveu em sua parábola representam quatro tipos de personalidades distintas ou quatro estágios de uma mesma personalidade. No caso dos jovens discípulos, eles representavam principalmente quatro estágios do desenvolvimento de suas personalidades na caminhada com o Mestre dos Mestres.

O primeiro tipo: o solo que representa um caminho

Ele descreveu o primeiro tipo de solo como uma terra à beira do caminho (*Mateus 13:4*). "*E as aves vieram e as comeram.*" Não tiveram condições mínimas para germinar.

Que tipo de pessoas essa terra representa? Representa as pessoas que têm seu próprio caminho, as que não estão abertas para algo novo, não estão dispostas a aprender. Elas se fecham dentro do seu mundo. Estão contaminadas pelo orgulho, não conseguem abrir o leque das possibilidades dos pensamentos. Suas verdades são eternas e absolutas. O coração psicológico delas é compactado como a terra de uma estrada. São rígidas e fechadas. Quando põem uma coisa na cabeça ninguém consegue removê-la.

Quantas pessoas conhecemos com essas características? Quantas vezes nós mesmos não reagimos assim? Somos turrões, teimosos, não permitimos que nos questionem. O mundo tem de girar em torno do que pensamos. Essa era a personalidade dos jovens.

As dores, as perdas e as decepções – as nossas e as dos que nos cercam – deveriam funcionar como arados para sulcar o coração emocional. Mas às vezes somos tão rígidos que não permitimos que elas penetrem nos compartimentos mais profundos do nosso ser. Continuamos os mesmos, não aprendemos com os erros. Uma pessoa inteligente e sábia aprende com os próprios erros e com os dos outros.

As pessoas que reagem assim repetem os mesmos comportamentos, reincidem no erro. Nada as tira do seu caminho. Ninguém consegue levá-las a rever seus paradigmas. Ninguém consegue semear em seus corações.

Há muitos intelectuais, filósofos, psicólogos e médicos que são fechados e preconceituosos. Não podem ser contrariados, têm medo de se abrir para outras possibilidades. São infelizes. E, o que é pior, tornam infelizes as pessoas que mais amam.

A sabedoria requer que estejamos sempre abertos às novas lições. A humildade é a força dos sábios, e a arrogância, a dos fracos. Nem Jesus, com suas mais belas sementes de sabedoria e amor, conseguia fazer germinar sementes caídas à beira do caminho. Ele só trabalhava na alma dos que acolhiam suas palavras, pois respeitava profundamente o livre-arbítrio das pessoas. Era necessário que elas se abrissem e reconhecessem seu próprio orgulho, sua rigidez ou sua arrogância, para que ele pudesse ajudá-las. Os jovens discípulos, embora inflexíveis, abriram-se para ele.

Ao ouvir as palavras do mestre e contemplar, fascinados, os seus gestos, o solo do coração dos discípulos foi sulcado e preparado para receber as suas sementes. Eles tinham inumeráveis defeitos, mas eram pessoas simples. Seu orgulho não tinha raízes profundas, e por isso Jesus os escolheu.

Agora entendemos um pouco mais por que eles foram escolhidos. Apesar de serem complicados e agressivos, aqueles homens eram mais fáceis de serem trabalhados do que os fariseus. Estes, embora fossem intelectualmente muito superiores aos jovens galileus, estavam profundamente contaminados pelo vírus do orgulho que destrói qualquer tipo de personalidade.

Os jovens discípulos começaram sua jornada com Jesus como um solo à beira do caminho. Todos passaram por esse estágio, porque eram impulsivos, ansiosos e agressivos. Do meu ponto de vista, a única exceção foi Judas. Ele era mais culto e sensato, menos impermeável. Quando Jesus o encontrou, ele já se encontrava num estágio adiante. Era de se esperar que brilhasse mais do que os outros, mas teve um trágico fim.

Em *O Mestre da Sensibilidade* comentei que o maior favor que podemos fazer a uma semente é enterrá-la. Uma vez sepultada, ela morrerá, mas se multiplicará. As sementes que não penetram na terra são comidas pelas aves, perdem a sua função. Infelizmente, a maioria das sementes que recebemos não germina.

Como está o terreno da sua psique? Você aceita a ajuda das pessoas que o rodeiam? Seus amigos, filhos, colegas de trabalho conseguem falar ao seu coração? Você faz de seus erros e sofrimentos ferramentas para sulcar a sua terra e torná-la apta para que as mais nobres sementes possam crescer?

O segundo tipo: o solo rochoso

O solo rochoso é o segundo tipo de coração que Jesus simbolizava nessa parábola. Era um solo melhor do que o que estava à beira do caminho. As sementes nele lançadas encontraram condições mínimas para germinar. Elas logo nasceram, porque a terra era pouco profunda. Porém, logo veio o calor do sol e as queimou, pois suas raízes eram superficiais.

Quem é representado por esse tipo de solo? Como o próprio

Jesus disse, ele representa todos os que receberam rápida e alegremente a sua palavra. "*Mas não tem raiz em si mesmo, é de momento. Quando surge uma tribulação ou perseguição por causa da Palavra, logo sucumbe*" (Mateus 13:20).

Os discípulos perceberam que o Mestre dos Mestres não eliminava todos os obstáculos que eles encontravam pelo caminho. Ficaram assustados e confusos. Entenderam que não estavam livres de decepções. Pensaram que segui-lo era viver sob um céu sereno, onde não haveria desencontros nem fracassos. Mas se enganaram.

Jesus nunca fez essas promessas. Prometeu, sim, força na fragilidade, refrigério nos fracassos, coragem nos momentos de desespero. Os discípulos viam o próprio Jesus passar por tantos problemas e correr o risco de morrer, e ficavam abalados. Será que é ele o Messias? Será que vale a pena segui-lo? Será que seus sonhos não são delírios? Estas perguntas os atormentavam. Desanimados, muitos desistiram de segui-lo.

Creio que todos os jovens seguidores de Jesus passaram por esse estágio. Eles não eram gigantes, como nenhum ser humano é. Todos temos nossos limites. Às vezes, uma pequena pedra, que para alguém é fácil de ser contornada, representa uma grande montanha para outro. Olhar de frente os problemas e enfrentá-los não é fácil, mas é necessário. O medo dos problemas intensifica a dor. Enfrentá-los é uma atitude inteligente.

Mas qual é a melhor maneira de enfrentar os problemas? Lançando raízes nos solos da nossa psique. As raízes de uma árvore são o segredo de seu sucesso, de sua capacidade de suportar o calor do sol, as tempestades e o frio. As raízes dão sustentação às plantas e as suprem com nutrientes e água.

O segredo do sucesso de um estudante, de um executivo, de um profissional, de um desportista também está nas suas raízes. Muitos observam os resultados e ficam fascinados, mas não percebem quanta coragem, humildade, simplicidade, determinação, desejo ardente de aprender estão enraizados nos solos de sua emoção e de seus pensamentos.

Se você não se preocupa em cultivar raízes internas, não espere encontrar águas profundas nos dias de aridez. As plantas que suportam a angústia do sol e os períodos de seca não são as mais belas, mas as que têm raízes mais extensas e conseguem atingir águas profundas.

Um dia, as dificuldades e os problemas aparecerão, mesmo para alguém que sempre teve uma rotina tranquila. Os amigos vão embora, a pessoa que mais amamos nos abandona, os filhos não nos compreendem, o trabalho vira um tédio, o dinheiro fica escasso, os sintomas aparecem.

O que fazer? Entrar em desespero? Não! Aproveitar as oportunidades para aprofundar as raízes. Jesus demonstrou que, para isso, é necessário remover as pedras, o cascalho do nosso ser. Como? Mergulhando dentro de nós mesmos para nos conhecermos melhor. Correndo riscos para conquistar aquilo que realmente tem valor. Aceitando com coragem as perdas irreparáveis. Reconhecendo falhas, pedindo desculpas, perdoando, tolerando, tirando a trave dos nossos olhos antes de querer remover o cisco do olho de alguém.

Os perdedores perturbam-se com o calor do sol, os vencedores usam suas lágrimas para irrigar o solo do seu ser. Não tenha medo das turbulências da vida, tenha medo de não possuir raízes.

Certa vez, Jesus fez um discurso para testar seus ouvintes. Chocou-os dizendo que eles deviam comer da sua carne e beber do seu sangue. Na realidade, ele queria dizer que suas palavras é que eram um verdadeiro alimento para nutrir os solos do espírito e da alma deles. As pessoas que ouviram a primeira parte do seu discurso ficaram perplexas. Como poderiam comê-lo? Escandalizados, vários discípulos fizeram um movimento para abandoná-lo.

Então, ele os fitou e desferiu uma pergunta inesperada. Deu-

-lhes liberdade para que o abandonassem. Um momento de silêncio reinou. Em seguida, Pedro tomou a dianteira e afirmou que ele e seus amigos não tinham para onde ir, pois Jesus tinha as palavras da vida eterna. Eles haviam acreditado no sonho de Jesus.

Os jovens galileus passaram por muitos testes. Esse foi mais um deles. A cada teste, lançavam raízes mais profundas. Os problemas e os sofrimentos eram ferramentas que os faziam garimpar ouro dentro de si mesmos.

O terceiro tipo: o solo com espinhos

O terceiro tipo de solo representa uma terra melhor do que as duas primeiras. O solo era adequado. Não era compactado, não havia pedras no seu interior. As sementes lançaram raízes profundas, conseguiram atingir águas submersas, suportaram o calor do sol e as intempéries. Elas começaram a crescer com vigor e entusiasmo.

Junto com as pequenas plantas geradas pelas belas sementes cresceram também, sutilmente, os espinhos. No início, os espinhos pareciam frágeis e inocentes. Havia espaço para que todas as plantas convivessem juntas. Mas, com o passar do tempo, as plantas e os espinhos cresceram, e o espaço começou a ficar pequeno. Iniciou-se uma competição.

Os espinhos começaram a competir com as plantas pelos nutrientes, oxigênio, água e luz do sol. Desenvolveram-se rapidamente e começaram a sufocar as plantas, controlando seu desejo de viver. Assim, apesar de terem raízes profundas, as plantas não frutificaram, não sobreviveram.

Que grupo de pessoas ou que estágio da personalidade esse tipo de solo representa? Representa as pessoas mais profundas e sensatas, que permitiram o crescimento das sementes do perdão, do amor, da sabedoria, da solidariedade e de todas as demais sementes do plano transcendental do Mestre dos Mestres.

Elas suportaram as incompreensões, as pressões, as dificuldades externas. Viram Jesus sofrer oposição e perseguição, mas não desanimaram. Ficaram amedrontadas quando ele, por diversas vezes, quase foi apedrejado, mas não o abandonaram. Nenhuma crítica, rejeição, doença, decepção ou frustração parecia roubar-lhes o desejo de segui-lo.

Dia a dia tornaram-se fortes para vencer os problemas do mundo. Os anos se passaram e elas pareciam imbatíveis. Entretanto, não estavam preparadas para superar os problemas do seu próprio mundo interno, que cresciam sutilmente no âmago do seu ser. Jesus disse, nessa parábola, que os espinhos representam as preocupações existenciais, os cuidados do mundo, as ambições, a fascinação pelas riquezas.

Quem não tem preocupações? Quem não antecipa situações do futuro e sofre pelo que viveu no passado? Quem não tem ambição? Quem não é seduzido pelas riquezas? Há inúmeros tipos de riquezas que fascinam o ser humano: possuir dinheiro, ser admirado, ser reconhecido, ser maior que os outros.

Os grandes problemas, como doenças ou o risco de morrer, não destruíam os discípulos. Teriam agora de passar no teste dos pequenos problemas que cresciam no solo da sua alma e competiam com as plantas oriundas das sementes lançadas pelo Mestre dos Mestres. A arrogância competia com o perdão; a intolerância, com a compreensão; a necessidade de poder, com o desprendimento; a raiva e o ódio, com o amor.

Um dos maiores culpados pela asfixia das plantas não é o fracasso, mas o sucesso. O sucesso profissional, intelectual, financeiro e até o espiritual, se não forem bem administrados, paralisam a inteligência, obstruem a criatividade, destroem a simplicidade.

O sucesso o tem paralisado ou libertado?

Muitos líderes espirituais dão uma atenção especial a cada um dos seus ouvintes, preocupam-se com a dor que eles sentem, enquanto o número deles é pequeno. Mas, ao conquistarem milhares de ouvintes, perdem a visão de cada um, pois estes se tornam apenas números. Jesus disse: "*Eu sou o bom pastor, aquele que dá a vida por suas ovelhas*" (*João 10:11*). A fama jamais o fez perder o contato íntimo com as pessoas. Ele conhecia cada ovelha pelo nome e se preocupava com suas necessidades individuais.

Muitos cientistas, no começo da carreira, são ousados, criativos e aventureiros. Mas, à medida que sobem na hierarquia acadêmica, sufocam sua capacidade de pensar e se tornam estéreis de ideias. Muitos executivos no auge da carreira reprimem sua coragem, perspicácia e sensibilidade. Têm medo de correr riscos, não exploram o desconhecido. Não são capazes de enxergar os pequenos problemas que irão causar grandes transtornos no futuro.

As sementes dos espinhos estavam presentes desde a mais tenra formação da personalidade dos discípulos, como estão em todos nós. Algumas preocupações são legítimas, como a educação dos filhos, ter segurança, uma boa aposentadoria, um bom plano de saúde. O problema ocorre quando essas preocupações nos controlam, roubam nossa tranquilidade e capacidade de decidir. Muitas pessoas são diariamente assaltadas por pensamentos perturbadores. São maravilhosas para os outros, mas tornam-se escravas dos seus pensamentos. Não sabem cuidar da sua qualidade de vida.

Eu moro dentro de uma mata. Um lugar belíssimo. Não é fácil plantar flores nesse lugar, pois as formigas as atacam com grande voracidade e os espinhos e outras plantas se multiplicam rapidamente, competindo com elas. É preciso cuidar diariamente, arrancar as ervas daninhas, afofar a terra, irrigar e suprir com nutrientes.

Do mesmo modo, precisamos cuidar do ecossistema da nossa psique. Estar atentos para diariamente remover o lixo que se acumula nos terrenos da nossa emoção e reciclar os pensamentos negativos e perturbadores que sutilmente são produzidos.

Judas foi assaltado pouco a pouco por pensamentos perturbadores, e não os superou. Nos primeiros anos, ele jamais pensara que trairia Cristo. Judas queria que ele se voltasse contra os fariseus, mas Jesus era paciente com seus inimigos. Judas queria que o mestre tomasse o trono político de Israel, mas ele queria o trono do coração humano. Judas admirava Jesus, mas não o entendia, não o amava. Trataremos desse assunto quando abordarmos o desenvolvimento da personalidade dos discípulos. Os espinhos, no secreto da alma de Judas, cresceram. Como ele não os tratou, eles sufocaram os belos ensinamentos do Mestre dos Mestres. Perdemos simplicidade à medida que a vida ganha complexidade. As pessoas do mundo moderno são mais infelizes do que as do passado. A ciência progrediu, a tecnologia deu saltos, as necessidades expandiram-se e, assim, a vida perdeu sua singeleza e poesia.

Pais e filhos são capazes de abordar técnicas complicadas, mas não sabem falar de si mesmos. Não sabem chorar e sonhar juntos. Amigos ficam anos sem se comunicar. Não temos tempo para as coisas importantes, pois estamos entulhados dentro de nós mesmos. Se não temos problemas exteriores, nós os criamos.

Jamais devemos nos esquecer de que o registro das experiências psíquicas é automático. Se não tratarmos as nossas angústias, nossas preocupações com doenças, o medo do futuro, as reações ansiosas, eles vão se depositando nos solos da memória, tornando-os ácidos e áridos. As flores não suportam essa acidez, mas os espinhos a adoram.

Quem não tem esse cuidado vai se entristecendo e adoecendo lentamente ao longo da vida, mesmo que tenha tido uma infância saudável. A vida se torna tão amarga que a pessoa não entende por que é infeliz, impaciente, tensa, ou por que possui doenças psicossomáticas. Não há problemas exteriores, nenhuma crise familiar, financeira ou social. Tem todos os motivos do mundo para viver sorrindo, mas está angustiada. Por quê? Porque não cuidou das ervas daninhas do seu interior. A parábola do semeador contada por Jesus tem um profundo efeito educativo e terapêutico. Devemos estar alertas. Que tipo de solo você é? Você tem cuidado das principais plantas da sua vida? Você tem plantado flores nos solos de sua memória ou os tem entulhado de lixo e preocupações?

O último tipo de solo: a boa terra

Chegamos à boa terra, o solo que o Mestre da Vida queria para plantar e cultivar as mais importantes funções da personalidade. Jesus ansiava por mudar o ecossistema da humanidade, mas ele precisava do coração humano para realizar essa tarefa. O coração psicológico que representa a boa terra foi o que removeu as pedras, suportou as dificuldades da vida, lançou raízes profundas nos tempos de aridez, debelou os problemas íntimos e, assim, criou um clima favorável para frutificar com abundância.

Quem representa a boa terra? O próprio Jesus disse que são os que compreenderam a sua palavra, refletiram sobre ela e permitiram que ela habitasse no seu ser. Comportaram-se como sedentos ansiosos por água, como o ofegante ávido pelo ar, como crianças famintas de leite. Não eram movidos apenas pelo entusiasmo das boas-novas, mas pela disposição obstinada de aprender.

É preciso ressaltar que esse grupo privilegiado não era constituído das pessoas mais inteligentes, cultas, puras e éticas. Muitos membros desse grupo eram complicados, tinham enormes defeitos, fracassaram inúmeras vezes, mas superaram seus conflitos, deram valor ao que realmente importava, abriram seu coração ao vendedor de sonhos e aplicaram a sua palavra dentro de si mesmos.

Alguns foram longe nos seus erros. Caíram no ridículo e se envergonharam consigo mesmos, como Pedro. Entretanto, tiveram coragem de perceber suas limitações e de se esvaziar para extrair as mais profundas lições das mais incompreensíveis falhas. Não tiveram medo de chorar e começar tudo de novo.

Os jovens galileus entenderam, ao longo dos meses, que não bastava admirar Jesus. Não bastava aplaudi-lo e considerá-lo filho do Deus Altíssimo. Entenderam que segui-lo e amá-lo exigia um preço. O maior de todos os preços consistia em reconhecer as próprias misérias. Era enfrentar o egoísmo, o individualismo, o orgulho que contaminava diariamente o território da emoção. Era aprender a amar incondicionalmente, a dar a outra face e a não desistir de si e de ninguém, por mais que falhassem.

Para o Mestre dos Mestres, os solos não eram estáticos. Um tipo de solo poderia se transformar em outro. Jesus usava várias ferramentas para corrigir os solos dos seus discípulos. Ao andar com eles, colocava-os em situações difíceis, fazia-os entrar em contato com o próprio medo, ambição, conflitos. Ele os treinava constantemente a "arar" a alma, a esfacelar os torrões, a corrigir a acidez e a repor nutrientes. O resultado ninguém conseguia prever. Era uma tarefa quase impossível. Jesus tinha tudo para falhar.

Passado mais de um ano, os discípulos apresentavam reações agressivas e egoístas. No segundo ano, ainda competiam, uns querendo ser maiores que os outros. No terceiro ano, o individualismo ainda tinha fortes raízes. No final da jornada, logo antes da crucificação, o medo ainda encarcerava os discípulos. Jesus parecia derrotado. Mas persistia como se fosse um artesão da inteligência humana. Ele confiou completamente nas suas sementes!

Jesus não era apenas um vendedor de sonhos, mas também um vendedor de esperança. As pessoas podiam cuspir no seu rosto, esbofeteá-lo, negá-lo e até traí-lo, mas ele não desistia delas. Ele acreditava no potencial das suas sementes e nos solos que cultivara. Será fascinante acompanharmos o que aconteceu.

Para o Mestre da Vida, nenhum solo era inútil ou imprestável. Uma prostituta poderia ser lapidada e ter mais destaque do que um fariseu. Um coletor de impostos corrupto e dissimulado poderia ser transformado, a ponto de superar no seu reino um líder espiritual puritano e moralista. Um psicopata desumano e violento poderia reciclar a sua vida e tornar-se capaz de recitar poemas de amor, ter sentimentos altruístas e correr riscos para ajudar os outros.

Raramente alguém acreditou tanto no ser humano. Nunca alguém entendeu tanto das vielas da nossa emoção e desejou transformar o teatro da nossa mente num espetáculo de sabedoria.

CAPÍTULO 6

Transformando a personalidade: a metodologia e os principais laboratórios e lições

Esculpindo a alma humana na escola da vida

Acho importante gastar um pouco de tempo para expor alguns mecanismos inconscientes que conduzem ao processo de transformação da personalidade. Se não entendermos esse processo, teremos apenas uma admiração superficial por Jesus, e ele não será um Mestre Inesquecível aos nossos olhos.

O relacionamento de Jesus com os discípulos tinha uma clara intenção. Ele foi um grande mestre que sabia o que queria atingir nos bastidores da inteligência. Ao estudar como Jesus atuava na personalidade de seus seguidores, fiquei assombrado. As ciências da educação estão na idade da pedra se comparadas à sua magnífica pedagogia.

Jesus provou que em qualquer época da vida podemos reeditar o filme do inconsciente e mudar os pilares centrais que estruturaram a personalidade. Sua metodologia envolvia complexas experiências de vida, que aqui chamo de laboratórios existenciais.

Cada laboratório era uma escola viva, constituída de um ambiente real, espontâneo, que envolvia seus discípulos nas mais complexas circunstâncias. O objetivo dessa escola viva era realizar eficientes treinamentos onde os arquivos conscientes e inconscientes da memória se expusessem e fossem transformados.

Tenho comentado em muitos textos que a memória humana não pode ser deletada. Nos computadores é fácil deletar. Não conseguimos fazer o mesmo na memória porque não sabemos a localização dos arquivos doentios nem as ferramentas necessárias para apagá-los. Não podemos apagar o lixo, os traumas, as frustrações do passado e, queiramos ou não, temos de conviver com eles. A única possibilidade é reeditar esses arquivos, sobrepor novas experiências às matrizes antigas.

Esse é um processo lento, e Jesus tinha plena consciência disso. Na sua indecifrável sabedoria, ele criava ambientes para que viessem à tona as características doentias que estavam na grande periferia da memória, no inconsciente. Seus laboratórios existenciais aceleravam e tornavam mais eficiente o processo de reedição. Demorei anos para entender esse mecanismo usado pelo Mestre dos Mestres.

Horas antes de ser preso, ao lavar os pés dos discípulos, ele estava propositadamente procurando reeditar as áreas doentias de suas memórias. Seus gestos programados faziam com que a competição predatória e a arrogância fossem espontaneamente reescritas.

O Mestre da Vida educava a inteligência ao mesmo tempo que tratava terapeuticamente os traumas dos seus discípulos. Sabia o que queria atingir na personalidade deles e como chegar lá. Creio que Jesus foi o maior educador do mundo, maior ainda do que Freud.

Freud pensava que, ao falar livremente o que lhe vinha à cabeça, um paciente poderia captar e compreender os conflitos do inconsciente e assim gerar um autoconhecimento e superar traumas e conflitos. Infelizmente, Freud não teve a oportunidade de estudar os papéis da memória e o processo de construção do pensamento. Por isso, não compreendeu que jamais poderemos conhecer a história de maneira pura, pois a história é sempre reconstruída.

Não existe lembrança pura do passado, mas reconstrução dele. Por quê? Porque no momento em que recordo uma experiência passada estou sendo influenciado por uma série de variáveis, como meu estado emocional, o ambiente em que me encontro, minha motivação. Essas variáveis entram em cena, dando ao passado cores e sabores que ele não tinha.

Para provar isso, pergunto: "Quantos pensamentos você produziu na semana passada?" Certamente milhares de milhares. De quantos você se lembra com precisão exata, tal como foram formulados? Talvez de nenhum. Mas se eu pedir para você reconstruir os ambientes, as circunstâncias e as pessoas com quem conviveu, você produzirá milhares de novos pensamentos, embora não exatamente iguais aos da semana anterior. Você criou algo novo ao recordar o seu passado.

Esse exemplo prova cientificamente que a história arquivada na memória é um suporte para a criatividade, e não um depósito de informações que pode ser acessado e repetido, como nos computadores. Prova também que não existe lembrança pura, mas reconstrução do passado com micro ou macrodiferenças. Demonstra ainda que as provas escolares que objetivam a repetição de informações estão erradas. Queremos que os nossos alunos repitam informações, mas a memória deles clama para que criem novas ideias.

Muitos pensam que estão recordando o passado nos consultórios de psicologia, mas muitas vezes estão recordando o passado desfigurado pelo presente. O objetivo máximo do tratamento psicológico é reeditar a história passada e resgatar a liderança do "eu". O "eu" tem de ser gerente dos pensamentos e administrador das emoções. Caso contrário, ele será sempre vítima das suas misérias psíquicas.

O Mestre dos Mestres não queria que seus discípulos fossem repetidores de regras morais e éticas. Seu plano era mais profundo. Jesus desejava que eles reescrevessem a própria história, aprendessem a pensar antes de reagir, rompessem o cárcere interior e se tornassem líderes de si mesmos. Só assim seriam capazes de amar o espetáculo da vida e ter livre-arbítrio.

O grande problema é saber como reeditar o filme do passado, como sobrepor novas imagens às imagens antigas. Para reeditar o passado precisamos atingir os arquivos que se entrelaçam nas tramas do inconsciente. Como reeditá-los, se eles aparecem apenas nos momentos de tensão? Raramente um ataque de pânico acontece numa sessão terapêutica, o que dificulta ao psiquiatra ou psicólogo entender a dimensão da crise do paciente e dar ferramentas para que ele possa superar seu conflito.

Seguindo o mesmo princípio, um psicopata tem um comportamento sereno em determinadas situações, simulando lucidez, mas em situações tensas ele abre certas janelas da memória e mostra a sua face violenta. Como atuar nessas tramas ocultas? Muitos psiquiatras creem que os psicopatas são incuráveis. Eu acredito que eles podem ter esperança. A transformação da personalidade do apóstolo Paulo é um exemplo de como uma pessoa agressiva pode ser transformada num poeta do amor. Infelizmente, a maioria das pessoas leva para o túmulo os seus conflitos. Costumam ser agressivas, fóbicas e ansiosas a vida inteira.

Jesus tinha as mesmas dificuldades para entrar nas tramas do inconsciente dos seus discípulos. Apesar de parecerem anjos inofensivos em determinadas situações, o mestre sabia que no âmago da personalidade deles havia graves conflitos. Sabia que por trás da cortina dos comportamentos dos seus jovens seguidores havia uma agressividade explosiva e uma impulsividade incontrolável.

Por isso, usando uma inteligência incomum, Jesus criou inúmeras situações para que os arquivos doentios viessem à tona para serem superados. Nos primeiros anos em que comecei a analisar a inteligência de Jesus, não entendia por que uma pessoa tão sábia se envolvia em tantos problemas. Se quisesse, ele poderia evitá-los com sua perspicácia.

O Mestre dos Mestres não estava interessado apenas em que os discípulos resgatassem o passado sombrio, pois sabia que este resgate é frequentemente distorcido. Desejava que eles reeditassem o passado. Conhecer a grandeza do perdão, superar o sentimento de culpa, cultivar um amor fraterno eram instrumentos preciosos para esta reedição. Vamos examinar alguns ambientes dramáticos usados por Jesus para trabalhar no cerne da alma dos discípulos.

Correndo risco para salvar uma prostituta

Nas situações diárias, os discípulos eram levados a deparar-se com seus próprios transtornos psíquicos. Cada clima criado na escola viva realizava uma socioterapia que tratava do egoísmo, intolerância e radicalismo deles. Momentos depois, Jesus arrematava a socioterapia com uma psicoterapia de grupo ou individual e tratava dos conflitos íntimos. Nesses momentos, ele falava diretamente ao coração dos discípulos com palavras simples, diretas e impactantes.

Certa vez, o mestre correu o risco de morrer por causa de uma mulher adúltera. Os fariseus queriam sua decisão, se apedrejavam ou libertavam a mulher pega em flagrante adultério. No primeiro momento, ele não deu resposta. O clima ficou extremamente tenso e ameaçador. Assim, ele expôs o medo, a insegurança e a discriminação não apenas dos fariseus, mas também dos discípulos. Por quê? Porque eles também teriam atirado pedras na mulher.

No segundo momento, Jesus interveio, levando os fariseus a pensarem na sua própria doença e protegendo a mulher. Ao ver a cena, eles ficaram estarrecidos pelo fato de Jesus ter se arriscado por uma estranha, considerada "escória" da sociedade.

Era muito mais fácil dizer que a matassem, cumprindo a lei, mas se fizesse isso Jesus estaria matando o seu amor e o seu projeto de vida. Ele protegeu a adúltera com o escudo do seu próprio ser. Os discípulos entenderam, assim, que eram também discriminadores e tomaram consciência de seus limites, ansiedade e dificuldade de raciocinar em situações estressantes.

Após essa experiência, criou-se no íntimo dos discípulos um ambiente psíquico propício para que fosse realizada a psicoterapia mais eficaz. Deste modo, as palavras de Jesus "*Amai o próximo como a ti mesmo*" ganharam outro sabor, penetraram nos solos inconscientes da memória deles e reeditaram traumas e conflitos. Atônitos, eles deviam pensar: "Como somos limitados!", "Que amor é esse que se doa até às últimas consequências?". É importante ressaltar que o tratamento era ministrado pelo Mestre dos Mestres com um amor inexplicável.

Ele treinava seus discípulos para transformar pedras em diamantes. Ao andar com Jesus, os insensíveis se apaixonavam pela vida, os agressivos acalmavam a turbulência da emoção e os iletrados se tornavam engenheiros de ideias. Não era uma tarefa fácil. Diariamente os discípulos criavam problemas. O Mestre do Amor, sempre dócil, ouvia seus absurdos e, pacientemente, trabalhava nos desvãos de suas almas brutas. Ele acreditava no ser humano, por mais que este o decepcionasse. Jesus Cristo foi um escultor da personalidade.

Você certamente gosta de se relacionar com pessoas serenas e que o valorizem por suas qualidades. Você quer ter filhos que reclamem menos e sejam menos agressivos. Deseja ter alunos menos ansiosos ou arredios e que amem ardentemente o saber. E colegas de trabalho menos competitivos, mais abertos e éticos. Mas não se esqueça de que muitos cientistas e homens que brilharam na sociedade foram, no passado, pessoas complicadas.

Por que brilharam? Como venceram seus problemas? Porque alguém investiu neles. As pessoas que mais lhe causam problemas hoje poderão vir a ser as que mais lhe darão alegrias no futuro. Invista nelas, cative-as, surpreenda-as. Plante sementes e espere que os anos passem. Esse é o único investimento em que jamais se perde, sempre se ganha. Se as pessoas em que você investiu não ganharem, você certamente ganhará. O quê? Experiência, paz interior e consciência de que fez o melhor possível.

O Mestre da Vida investiu sua energia e inteligência em pessoas complicadíssimas para mostrar que todos têm esperança. Você e eu temos esperança de que somos capazes de transformar os problemas mais intocáveis da nossa personalidade. Só Judas achou que seu caso não tinha solução, embora fosse o melhor na fase inicial. Veremos que Jesus nunca o abandonou, foi Judas que se autoabandonou.

Vamos analisar alguns dos principais treinamentos ministrados por Jesus. Seriam necessários alguns livros para expor esse assunto, mas vou falar de maneira sintética apenas sobre alguns pontos. Em cada treinamento, veremos a sua metodologia, algumas das mais relevantes lições de vida.

Treinando-os a serem fiéis à sua consciência

Jesus, certa vez, contou uma história que perturbou os seus ouvintes, quebrando para sempre alguns paradigmas religiosos. Contou que um fariseu orava de maneira eloquente. Em sua oração, ele agradecia a Deus por sua integridade. Dizia que jejuava, fazia ofertas e preces constantes. Havia também um pobre moribundo que mal conseguia falar com Deus. Ele olhava para o céu, batia no peito e pedia compaixão. Provavelmente, não dava ofertas para o templo, não orava com frequência e não tinha um comportamento ético. Sentia-se um miserável diante de Deus.

Qual dessas duas orações foi aceita por Deus? Se houvesse

uma pesquisa entre todos os religiosos do mundo, provavelmente o fariseu ganharia disparado. Entretanto, para espanto dos ouvintes, Jesus disse que a oração do fariseu não foi ouvida, não atingiu o coração do Criador. Por quê? Porque ele orava para si mesmo, exaltando-se. Não procurava Deus no íntimo do seu ser. Segundo Jesus, Deus olha para algo que não aparece externamente: para a consciência, a real intenção.

O fariseu considerava-se um grande homem diante de Deus por causa da sua ética moral e religiosa. Mas não analisava os próprios erros, não tinha consciência de que o coração que pulsa, o ar que respira, a mente que pensa eram dádivas divinas. Aos olhos do Mestre dos Mestres, Deus se importa com a consciência.

O miserável que não conseguiu sequer produzir uma oração lógica e digna tocou o coração de Deus. Não conseguiu fazer um grande discurso porque tinha consciência da sua pequenez, da sua falibilidade e da grandeza do Criador. Não desejo aqui entrar nos assuntos ligados à fé, mas mostrar um dos mais complexos treinamentos de Jesus. Ele treinou seus discípulos a serem fiéis à própria consciência.

De nada adianta disfarçar, dissimular e teatralizar comportamentos. Não é a quantidade de erros que determina a grandeza de um discípulo, mas sua capacidade de reconhecê-los. Uma pessoa podia ter mil defeitos, mas, se tivesse a coragem de admiti-los, abriria caminho para ser curada. O mesmo princípio ocorre na psiquiatria e na psicologia modernas. Nada podemos fazer por uma pessoa que se esconde dentro de si, a não ser que ela tenha uma psicose.

Vivemos em sociedades que amam os disfarces e as máscaras sociais. As pessoas sorriem, mesmo devastadas pela tristeza; mantêm as aparências, mesmo que falidas; para os de fora, são éticos; para os membros da família, são carrascos. O sistema político simplesmente não sobrevive sem máscaras, disfarces e mentiras. Certa vez, o Mestre da Vida criticou os líderes religiosos, comparando-os a sepulcros caiados. Por fora têm belas pinturas, por dentro estão apodrecidos. Foi uma comparação corajosa, mas sincera. Muitos fariseus mantinham um comportamento religioso modelar, mas, às ocultas, odiavam a ponto de matar.

No sermão da montanha, Jesus disse que não bastava não matar, era necessário não se irar. Ele queria dizer que podemos não matar fisicamente, mas matamos interiormente. Muitos matam emocionalmente seus colegas de trabalho, seus amigos e, às vezes, até as pessoas que mais amam, quando elas os decepcionam.

Jesus aceitava todos os defeitos dos seus discípulos, mas não admitia que não fossem transparentes. O único que não aprendeu essa lição foi Judas. Jesus ensinou-lhes a ser verdadeiros em toda e qualquer situação. Deu-lhes contínuos exemplos. Ele falava abertamente o que pensava. Sabia que poderia ser preso ou morto, mas não se calava, ainda que o clima fosse tenso.

O Mestre dos Mestres era intrépido, não calava a sua voz. Mas seu falar não era agressivo. Ele expunha com tranquilidade e segurança suas ideias. Queria conquistar, e não destruir, as pessoas. Ouvimos pessoas dizerem que são honestas, que sempre falam o que pensam. Mas, no fundo, são descontroladas, violentas, impulsivas, autoritárias. Ao invés de conquistar as pessoas, elas as perdem. Jesus exalava serenidade. Embora falasse a verdade, em algumas situações optava pelo silêncio. Somente num segundo momento falava.

Muitos discorrem extensamente sobre o mundo exterior, mas se calam sobre seus pensamentos mais íntimos. Alunos têm medo de questionar seus professores. Membros de igrejas receiam discordar de seus líderes religiosos. Funcionários temem propor novas ideias aos executivos de sua empresa. Muitos jovens cientistas evitam o confronto com seus chefes. Sentem-se massacrados pelo sistema. Vivem represados. Mentes brilhantes são sufocadas, perpetuando conflitos que raramente serão reeditados.

Não podemos ser controlados pelo que os outros pensam e falam de nós. Ser gentil, sim, mas se esconder, nunca. O homem que é infiel à sua própria consciência jamais quita a dívida consigo mesmo. Os discípulos de Jesus tinham liberdade de falar com ele e expressar suas dúvidas. Foram treinados para serem fiéis à sua consciência, a serem simples como as pombas e prudentes como as serpentes (*Mateus 10:16*). Deviam saber o que falar e como falar, mas jamais se calarem, nem diante de reis. Deviam aprender a falar com segurança e sensibilidade, com ousadia e sabedoria. De nada adiantaria conquistar o mundo, se não conquistassem a própria consciência.

Treinando oratória e comunicação

O treinamento dos discípulos realizado por Jesus envolvia múltiplas áreas, inclusive a da comunicação e da oratória. Ele queria treiná-los a falar de maneira vibrante, pois seu plano era vibrante. Queria educá-los para falar ao coração das pessoas, pois seu projeto era regado a afeto. Os discípulos tinham parcos recursos linguísticos. Divulgar o plano de Jesus, seu amor, sua missão, não envolvia pressão social, armas ou violência. A única ferramenta eram as palavras.

Se os discípulos não se transformassem em excelentes oradores, não convenceriam o mundo de que o carpinteiro que morrera na cruz era o filho do Deus Altíssimo. Como ensinar esses homens a falar com multidões, se eles mal conseguiam organizar as ideias diante dos seus amigos? Jesus corria grandes riscos de fracassar. Mas deu aulas magníficas de oratória sem que os discípulos percebessem.

A capacidade de comunicação de Jesus deixava todos os seus ouvintes fascinados. As plateias ficavam impressionadas tanto com o conteúdo dos seus discursos como com a maneira de expô-lo. Reuniu dois instrumentos difíceis de conciliar na oratória: a convicção e a sensibilidade. Tinha uma voz segura e suave. Introduzia-se nas vielas da emoção dos seus ouvintes. Falava com os olhos e com os gestos. Como cheguei a essa conclusão? Pelas reações das plateias, até das que eram constituídas por seus opositores.

O Mestre dos Mestres foi um excelente comunicador de massas. Os palestrantes da atualidade usam recursos multimídia para auxiliá-los. Alguns conferencistas não conseguem desenvolver a inteligência sem a ajuda de computadores para animar sua exposição. As pessoas dependem cada vez mais de recursos externos para expor as próprias ideias.

Jesus não usava nenhum desses recursos. Mas seus discursos e sua didática magnetizavam as plateias. Era capaz de falar para milhares de pessoas ao mesmo tempo. E falava para um público misto. A coisa mais difícil é falar para uma plateia constituída de adultos, crianças, intelectuais, iletrados. As crianças atrapalham os adultos. Uma palavra ou um conceito difíceis não são compreendidos por quem tem menos cultura. Muitas vezes cria-se um grande tumulto.

Imagine o que é falar para um público misto e sem microfone. Quase impossível. Mas Jesus falava com maestria para 10, mil ou 10 mil pessoas. Para isso, procurava espaços abertos, sossegados e com boa capacidade de difusão sonora. Seus discursos encantavam as multidões. Os evangelhos registram diversas reações de entusiasmo que ele provocava no público.

Alguns líderes espirituais me disseram que, ao estudar a inteligência de Cristo e usar seu método nos seus sermões, começaram a encantar o público. O Mestre dos Mestres ensinou-lhes essa lição.

As pessoas estavam famintas e doentes na época de Jesus. Quando a miséria física bate às portas, ninguém se anima a pensar mais profundamente sobre questões existenciais. Os instintos prevalecem sobre a arte de pensar. Cativar o pensamento de pessoas famintas era um verdadeiro desafio. Fazê-las deslocar a atenção do pão físico para o pão psicológico e espiritual era uma empreitada gigantesca.

Mas Jesus atraía multidões incontáveis. Mais do que seus atos sobrenaturais, sua oratória deixava assombrados homens e mulheres. O vendedor de sonhos inspirava a alma e o espírito humanos.

Ao penetrar de maneira viva nos laboratórios de comunicação do Mestre dos Mestres, seus discípulos foram pouco a pouco abrindo as janelas da inteligência. Libertaram sua criatividade. Reeditaram as matrizes dos solos da memória que continham timidez, insegurança, insensibilidade, medo de rejeição e de crítica. Deram assim um salto intelectual sem precedentes.

Após a sua morte, os jovens galileus se tornaram também grandes vendedores de sonhos. Falavam dos sonhos de Jesus como se fossem seus próprios sonhos. Discursavam com a maior convicção do mundo sobre um reino celestial que nunca tinham visto. Encantaram plateias. Estancaram lágrimas. Trouxeram esperança no meio caos e alegria na dor.

Treinando-os a falar de si mesmos

Jesus foi um Mestre Inesquecível em todos os aspectos. Treinou seus discípulos não apenas a falar para o mundo, mas a falar do próprio mundo. Vamos entender o que é isso. Jesus sabia do risco que corre um grande orador quando se torna orgulhoso e se coloca acima dos outros, ou então se isola e não sabe mais falar das pequenas coisas e dos seus conflitos interiores.

Muitos padres, pastores, rabinos, líderes muçulmanos, budistas, à medida que são admirados, se isolam dentro de si mesmos. Não conseguem mais falar das suas inquietações e sofrimentos. Vários sofrem crises depressivas, mas têm vergonha de falar dos seus sentimentos.

Vem-me à lembrança um padre, ilustre diretor de um seminário, que tinha ataques de pânico diante do público. Sofria dramaticamente, pois achava que ia ter um enfarte durante as suas atividades, mas não tinha coragem de falar do seu drama com ninguém, nem com os padres que o auxiliavam. Só ganhou confiança para se abrir comigo depois de ler meus livros. Percorreu mais de 600 quilômetros para me encontrar. Infelizmente, só procurou tratamento depois de mais de 10 longos anos de sofrimento silencioso.

Cada religião deveria ter um centro de qualidade de vida para prevenir transtornos psíquicos e para que seus líderes e adeptos pudessem se ajudar mutuamente, superar conflitos e expandir as funções mais importantes da inteligência. Qualquer instituição que nega o estresse e as doenças emocionais comete uma grande injustiça com seus membros. Não existe uma só pessoa que não tenha algum problema. Os casos mais graves precisam de ajuda. Negá-los é ser desumano. É falar de Deus sem inteligência espiritual, emocional, multifocal, é negar o amor pela vida.

Do mesmo modo, deveria haver um centro de qualidade de vida nas universidades e nas grandes empresas para tratar dos funcionários, cientistas, professores e alunos. Muitos só procuram tratamento depois que grande parte dos arquivos da memória está contaminada por experiências doentias. Diariamente, pensamentos mórbidos e emoções tensas são registrados de maneira privilegiada nos solos da memória. Quanto mais passa o tempo, mais difícil é reeditar o filme do inconsciente.

Infelizmente, muitos acham que ter um transtorno emocional é sinal de fragilidade e de pequenez intelectual. Este preconceito existe tanto nos meios acadêmicos quanto, e principalmente, nos meios religiosos. Trata-se de um absoluto engano. A depressão e a síndrome do pânico, por exemplo, costumam atingir as pessoas mais sensíveis, afetivas e humanas. São boas e generosas para os outros, mas péssimas para si mesmas. Cuidam dos mais próximos, são incapazes de prejudicá-los, mas não sabem se cuidar.

Jesus jamais desprezou os feridos. Ele veio para os doentes. Queria humanizar seus discípulos. Não desejava formar homens seduzidos pelo sucesso, que se colocassem acima dos simples mortais. Almejava que a personalidade de cada um fosse permeada de humildade. Queria gerar discípulos capazes de dizer "Eu errei, me desculpe". Homens que tivessem a coragem de pedir "Eu preciso de você". Que não tivessem medo de dizer "Estou sofrendo, preciso de ajuda".

Jesus não tinha vergonha dos seus sentimentos. Chorou algumas vezes em público. Por que alguém tão grande chorou publicamente? Por que esse excelente orador, que fez atos sobrenaturais jamais vistos, não conteve as lágrimas? Porque ele amava ser humano e transparente. E porque queria treinar seus discípulos a tirar as máscaras e a falar dos próprios sentimentos.

Horas antes de ser preso, Jesus foi ainda mais longe. Chamou Pedro, Tiago e João e disse-lhes *"Minha alma está triste até à morte"* (*Mateus 26:38*). Eles se assustaram com tamanha franqueza. Jesus, que parecia imbatível, agora estava angustiado, suando sangue, ofegante, profundamente estressado. Seus discípulos não entendiam que ele estava se preparando para ser torturado e morrer pela humanidade.

Ele poderia esconder seus sentimentos. Poderia passar a imagem de um herói que não conheceu o vale das misérias emocionais. Poderia evitar que isso fosse registrado em suas biografias e vazasse para o mundo. Mas fez questão de expressar seus sentimentos. Quantas vezes você precisou que alguém o ouvisse, mas teve medo de falar? Quantas vezes você sufocou a sua dor, optou pelo silêncio por receio de ser incompreendido?

O Mestre da Vida falou da sua dor para três discípulos que não tinham condições de ajudá-lo. Algumas horas depois, Pedro o negaria, e Tiago e João fugiriam amedrontados. Jesus usou a própria dor para criar o melhor ambiente para ensinar seus jovens discípulos e o mundo inteiro a não terem vergonha dos sentimentos, a não esconderem os conflitos, a buscarem ajuda mútua, a romperem com a solidão e a jamais se comportarem como gigantes intocáveis e perfeitos. Ah! Se Judas tivesse aprendido essa lição!

Quantos pais nunca choraram na frente dos filhos! Chorar e sonhar ao lado dos filhos é mais importante do que dar-lhes o mundo todo. O choro, na psiquiatria, é visto como um grande fator de alívio. Quando uma pessoa tem uma depressão e não consegue mais chorar, é sinal de que se adaptou à miséria emocional e perdeu as esperanças.

O projeto de Jesus não era um movimento em torno de mais uma religião. Era um projeto para toda a humanidade. Seu coração era ardente e aberto para conter todos, pois ele desejava alcançar cada ser humano independentemente da sua cor, raça, cultura, religião ou condição financeira.

O Mestre da Vida queria mostrar que existir, poder pensar, sentir e ter consciência de si mesmo era uma experiência fascinante e única. Queria produzir pessoas saudáveis, felizes, satisfeitas, serenas. Jamais desejou que seus discípulos fossem gigantes ou semideuses. Ambicionava formar homens livres que, por sua vez, formassem pessoas livres.

Se seus discípulos conquistassem milhões de ouvintes, mas não tratassem os seus conflitos, não soubessem falar de si mesmos, estariam vivendo uma peça teatral. Por fora sorririam, ocultando suas dores, medos e fracassos.

Diante disso, eu gostaria de propor algo aos leitores. O treinamento de Jesus Cristo envolvia reuniões constantes e livres. Seus discípulos aprendiam a insubstituível arte de dialogar, perdiam o medo de falar sobre si mesmos. Ao redor de uma mesa, ele pronunciou as suas mais brilhantes palavras, como na última ceia, e seus discípulos falaram de muitos dos seus problemas.

Os leitores interessados poderiam reunir-se para estudar a humanidade de Jesus Cristo, independentemente de sua religião, filosofia de vida, cultura, status. Essa reunião se chamaria Programa de Qualidade de Vida.

O programa pode ter duração limitada ou não. Três meses, com uma reunião semanal de 1h30min, seriam o ideal. As lições poderiam tratar de estresse, proteção da emoção, contemplação do belo, gerenciamento dos pensamentos. Uma sugestão seria escolher determinados capítulos dos livros da coleção Análise da Inteligência de Cristo e transformá-los em lições.

Em cada reunião seriam lidos textos durante 20 ou 30 minutos, seguidos de debates entre os membros, como o Mestre dos Mestres fazia depois de contar suas parábolas. Cada grupo poderia ter um líder, não para controlar os outros, mas para estimulá-los a discutir o assunto lido e a falar sobre as suas dificuldades. Seria bom que os grupos tivessem no máximo 14 pessoas, para todas terem tempo e liberdade para falar. O grupo mais próximo de Jesus era constituído de 13 pessoas – ele e os 12 discípulos.

Cada pessoa que fizesse o Programa de Qualidade de Vida poderia se tornar um multiplicador, organizando outros grupos no seu condomínio, bairro, grupo religioso, escola, empresa. O objetivo principal desses grupos não seria divulgar uma ideologia, mas criar um espaço terapêutico em que as pessoas se ajudassem mutuamente, aprendendo a falar de si mesmas, prevenindo transtornos psíquicos, protegendo a emoção, gerenciando os pensamentos, enfim, desenvolvendo a qualidade de vida. Muitos sofrimentos e suicídios poderiam ser evitados se houvesse um ombro amigo para confortar e ouvidos prontos a ouvir.

Embora o grupo possa ser formado por membros de uma religião, não deveriam torná-la pública nas reuniões. Sonho com o dia em que as pessoas, tanto as que não têm qualquer religião quanto as das diversas religiões, inclusive não cristãs, desligarão um pouco a TV e se reunirão para trocar experiências. Sonho com escolas onde possam ser implantados programas de qualidade de vida.

O diálogo está morrendo. As pessoas só conseguem falar de si mesmas diante de um psiquiatra ou psicólogo, o que é inaceitável. O modelo de construção das relações sociais produzido pelo Mestre da Vida é brilhante. Se as pessoas não aprenderem a falar de si mesmas e a serem autoras da própria história, a indústria de antidepressivos e tranquilizantes será a mais poderosa do século XXI. E isso já está ocorrendo.

Será que vamos ficar assistindo passivamente à sociedade adoecer coletivamente? É mais fácil ficar paralisados, mas os que tomam uma atitude e correm riscos para mudar algo fazem toda a diferença.

Treinando-os a trabalhar em equipe

Jesus escolheu pessoas impulsivas, intolerantes e individualistas para formar a melhor equipe de trabalho. Para trabalhar em equipe, elas necessitariam resolver as disputas internas, o ciúme, a inveja, a prepotência, a necessidade de estar acima dos outros.

O individualismo surge naturalmente no desenvolvimento da personalidade. Ninguém precisa fazer esforço ou sofrer influência de alguém para ser uma pessoa individualista e egoísta. Mas, para trabalhar em equipe, cooperar superando as diferenças, necessita-se de um complexo aprendizado. Na África, belíssimos países são dilacerados por falta desse aprendizado. Tribos se digladiam, se matam, porque não sabem trabalhar em equipe. Não sabem se doar, compreender-se mutuamente e aceitar perdas para atingir uma meta. Os que querem ser estrelas sempre brilharão sozinhos. Trabalhar em equipe implica deixar que os outros brilhem.

Aprender a se colocar no lugar dos outros e procurar ver o mundo com seus olhos é fundamental para trabalhar em equipe.

Muitos professores não enxergam os conflitos dos seus alunos, muitos pais desconhecem os dramas que seus filhos estão vivendo. Só vão percebê-los em situações extremas, quando alguns tentam o suicídio ou caem no mundo das drogas. Vivemos numa sociedade que ouve muitos tipos de sons, mas não penetra no segredo dos corações.

Se, a partir de hoje, você se interessar por jovens mais agressivos ou tímidos, e perguntar o que se passa no interior deles, estará amando pessoas que não se sentem amadas e ouvindo pessoas que se sentem isoladas. Você prevenirá suicídios e violências. Pelo fato de se sentirem acolhidas, as pessoas começam a ver seus problemas de modo diferente. Esse é um dos segredos do sucesso de uma psicoterapia eficiente. O paciente para e se ouve.

Raramente pais e filhos conversam sobre seus maiores sonhos e suas maiores frustrações. Ouvir não é escutar. Ouvir é se entregar. Quem nunca desenvolveu uma boa capacidade de ouvir será portador de uma sociabilidade doentia. Fará julgamentos preconcebidos, não saberá ouvir ou dizer "não".

Os jovens discípulos de Jesus tinham grande dificuldade em se relacionar. Mesmo ouvindo eloquentes palavras sobre o amor, insistiam em ser individualistas e egocêntricos.

Jesus, querendo que os discípulos aprendessem a cooperar uns com os outros, preparou-os para, em grupos de dois, anunciar o seu plano transcendental. Disse-lhes que teriam de sair sem seu apoio, sem manual de conduta, sem roteiro, sem provisão de alimentos, sem dinheiro para eventuais necessidades. Teriam de depender um do outro, das pessoas contatadas e de Deus. Mas, sobretudo, dependeriam dos treinamentos realizados por Jesus e registrados como belíssimas sementes nos solos do seu ser. Apreensivos, eles saíram com a roupa do corpo. Que treinamento audacioso!

Os discípulos deveriam entrar na casa das pessoas, mudar seus paradigmas e falar de um reino invisível aos olhos humanos. Teriam de vender sonhos para um povo faminto e sofrido. Vender aquilo em que acreditavam, mas que não tinham visto. Nada é tão difícil. Se as pessoas têm dificuldade de receber o que é concreto, imagine acolher o que é invisível e intangível.

No começo claudicavam, tinham rompantes egoístas. Mas, para ter sucesso, cada dupla deveria conversar, aprender a conhecer os sentimentos um do outro, traçar caminhos. Teriam de lidar juntos com rejeições e críticas. Se fossem rejeitados, deveriam agir com doçura. Eram, na maioria, pescadores da Galileia que agora precisavam ter uma oratória cativante capaz de falar ao coração das pessoas, fisgar-lhes a alma. Como fazer a abordagem inicial? Como encantá-las?

O resultado foi fascinante. Jesus alegrou-se muito. Os discípulos trabalharam inconscientemente seu individualismo, sua rigidez e sua dificuldade de interação social. Ao mesmo tempo, conquistaram pessoas, compreenderam suas angústias, trouxeram esperança no caos, refrigério nas tempestades.

Treinando-os a superar a compulsão pelo poder e a promover o amor incondicional

Apesar do sucesso desse e de outros laboratórios, os discípulos ainda conservavam a ambição doentia pelo poder e disputavam internamente sobre quem seria o maior entre eles. A ambição é um vírus que jamais morre, apenas dormita. No final de sua jornada na terra, Jesus sabia que eles poderiam ter graves problemas de relacionamento após sua morte se não administrassem seriamente a ambição.

Em vez de tolher a ambição dos seus seguidores, Jesus incendiou-a, mas mudou o padrão. Era possível que um fosse maior que o outro. Entretanto, quem quisesse ser o maior deveria aprender a ser servo de todos. Quem tivesse a ambição de ser o maior em seu reino deveria ser capaz de se fazer pequeno. Com essas palavras, ele chocou a inteligência dos discípulos, pois inverteu valores cristalizados em suas mentes. Quem estabeleceu na história tal padrão para formar uma casta de líderes? Os líderes, frequentemente, querem que o mundo gravite em torno deles. Jamais se veem como servidores dos outros.

Nas instituições, os líderes comumente desfrutam do privilégio de serem servidos. No treinamento do Mestre dos Mestres, os líderes devem desfrutar o privilégio de servir. Na sociedade, embora haja exceções, os grandes espoliam os menores e gozam de benesses. No reino do Mestre dos Mestres, os grandes se colocam a serviço dos menores.

Para Jesus, quem explora o outro não tem a menor noção da grandeza da vida que pulsa dentro de cada ser humano. Quem explora o outro é um menino que ainda não compreendeu a dimensão da vida. Não percebeu que um dia enfrentará a solidão de um túmulo como qualquer miserável à margem da sociedade. Os que querem ser donos do mundo jamais foram donos de si mesmos.

Muitos líderes religiosos, políticos, chefes de departamentos de universidades e executivos não estão preparados para assumir o poder. O poder os seduz e os domina, por isso eles o exercem com excesso de autoridade e controlando os outros. Infelizmente, entre psiquiatras e psicólogos clínicos, o autoritarismo também existe. Eles assumem uma postura autoritária dentro do consultório, onde nenhum paciente pode questionar sua conduta e suas interpretações. Quem não é capaz de dar aos pacientes o direito de questioná-lo não está preparado para exercer essa delicada profissão. Questione respeitosamente quem exerce alguma influência sobre você.

No primeiro livro desta coleção, eu digo que Jesus teve um gesto surpreendente para dar as últimas lições aos seus discípulos. Na época, as multidões seguiam-no apaixonadas. Jerusalém fervilhava de gente querendo tocá-lo ou vê-lo, ao menos de longe.

Muitos lhe davam um status maior do que o dos imperadores romanos. Ao mesmo tempo que milhares de pessoas estavam na capital de Israel para se prostrar aos seus pés, ninguém imaginava que ele estava se prostrando aos pés dos seus complicados discípulos. Não cabia no imaginário humano que ele estava produzindo a mais fascinante universidade viva para que seus seguidores soubessem que tipo de líder ele anunciava.

Os discípulos estavam ao redor da mesa fazendo a última ceia. De repente, Jesus pegou água e uma toalha e, sem dizer palavra alguma, começou a lavar os pés deles (*João 13:2*). Eles já o haviam decepcionado muito, e horas depois ele ia saber que o decepcionariam ainda mais.

A negação de Pedro feriria a sua emoção, a traição de Judas abriria uma vala em sua alma e o abandono de todos os discípulos geraria uma grande frustração. Mas, apesar de tanta dor, Jesus estava prostrado aos seus pés, dando a outra face para eles. Ele os amava incondicionalmente. O amor era mais forte do que a dor.

Aquele gesto deu um choque de lucidez na emoção de cada um. Cada gota de água que escorria pelos pés, cada crosta de sujeira removida e cada movimento da toalha produziam fantásticas experiências nos territórios da emoção e nos palcos dos pensamentos dos discípulos. Tais experiências penetraram nos arquivos mais doentios dos solos de suas memórias, reeditaram as disputas internas que havia entre eles e a necessidade compulsiva de um estar acima do outro. As crostas de sujeira eram removidas dos pés, e as crostas do orgulho eram dissolvidas na alma. O silêncio de Jesus gritava nos becos do inconsciente dos seus discípulos.

Eles entenderam que o maior é aquele que serve, que o maior é aquele que ama. Entenderam que as pessoas menos importantes socialmente deveriam receber uma atenção especial. Os miseráveis deveriam ter lugar de destaque. Depois da crucificação, quando refletiram sobre o gesto afetivo e desprendido de Jesus, nunca mais foram os mesmos.

Ficou claro para eles que Jesus era, de fato, controlado totalmente pelo amor sobre o qual incansavelmente discursara. Era um homem fiel às suas palavras. Apesar de terem cometido erros imperdoáveis, os discípulos, em vez de excluídos, foram tratados como príncipes que tiveram os pés lavados suavemente. Como você trata as pessoas que erram? Você as exclui e condena ou as acolhe e valoriza? Somos ótimos para oferecer novas chances a quem nos dá retorno, mas péssimos para acolher os aflitos. Alguns não poupam nem seus filhos.

Os gestos eloquentes de Jesus demonstravam que os discípulos deveriam perdoar sempre, mesmo que as falhas se repetissem ou fossem incompreensíveis. Eles aprenderam valores que até hoje não aprendemos. Compreenderam que os fortes dão a outra face, e os fracos reagem; os fortes compreendem, os fracos julgam; os fortes amam, os fracos condenam.

Quando um mestre é surpreendente, as palavras são dispensáveis. Nunca o silêncio foi tão eloquente.

CAPÍTULO 7

Judas: antes e depois do mestre

*Os estágios do desenvolvimento da
personalidade de Judas*

Judas tinha todas as condições para ser transformado numa boa terra, num dos grandes líderes que mudariam a história da humanidade. Como vimos, os solos que Jesus descreveu na parábola do semeador podem representar quatro estágios do desenvolvimento da personalidade de uma mesma pessoa.

Todos os discípulos, à exceção de Judas, começaram no primeiro estágio. Eram um solo à beira do caminho, possuíam uma personalidade impermeável, inflexível, difícil de ser trabalhada. Judas, pelas características de sua personalidade, começou no segundo estágio. Seu coração emocional tinha pedras, mas acolheu rapidamente as sementes plantadas por Jesus, e logo elas brotaram. As raízes eram pequenas e frágeis.

Pouco a pouco, Jesus começou a sofrer forte oposição. Judas ficou assustado com o ódio dos fariseus. Algumas vezes, seus opositores expulsaram o mestre das sinagogas; em outras, chamaram-no de louco, e, em outras ainda, pegaram em pedras para esmagá-lo. Judas ficava amedrontado. O calor do sol começou a queimar as raízes frágeis. Mas o treinamento que Jesus realizava sulcava a terra e permitia que as sementes invadissem áreas mais profundas.

Foi um belo começo. Judas era uma pessoa alegre e realizada. Admirava Jesus. Seus discursos o inspiravam. Seu poder o fascinava. Para ele, o carpinteiro de Nazaré era o grande Messias aguardado durante séculos por Israel. Seus milagres, sua oratória e sua inteligência confirmavam isso.

Judas venceu o teste do calor do sol. Superou as angústias, as perseguições, as rejeições, as críticas, a fama de louco. Cresceu até passar para o terceiro estágio, o do solo espinhoso.

Seu coração parecia um jardim cujas plantas escondiam os rebentos que floresceriam na mais bela primavera. Mas, sem que ele percebesse, cresciam paralela e sutilmente os espinhos, representados pelas ambições, pela fascinação pelas riquezas, pelas preocupações com a vida.

No início, Judas não tirava os olhos do mestre. Ao seu lado, o mundo, embora perigoso, se tornava um oásis. Mas, paulatinamente, foi voltando os olhos para dentro de si mesmo. Pensamentos negativos, dúvidas, questionamentos começaram a transitar pelo palco de sua mente. Infelizmente, ele os represou, nunca os expôs para Jesus. Se você quiser evitar grandes problemas no relacionamento com as pessoas que ama, fale com elas, trate as pequenas coisas que o perturbam hoje. Pequenos espinhos podem causar grandes infecções.

À medida que dúvidas pairavam na mente de Judas, a ansiedade cultivava ervas daninhas na sua alma. Os treinamentos de Jesus já não reeditavam, como nos demais discípulos, arquivos secretos e doentios do seu ser. Judas continuava discreto, mas seus interesses não estavam em sintonia com os do homem que ele seguia e admirava.

Os conflitos de Judas

Judas tinha dois grupos de conflitos. O primeiro foi construído ao longo do processo de sua personalidade. Alguns desses conflitos eram controláveis; outros, controladores. Uns eclodem na infância; outros, na adolescência, e outros, na fase adulta. O problema não é termos características doentias em nossa personalidade, mas a forma como as administramos.

Judas era uma pessoa autossuficiente e não-transparente. Estas características não o controlavam nos primeiros dois anos em que acompanhou Jesus. Nesse período, embora não entendesse algumas reações do mestre, Judas tinha a convicção de que Jesus era o Messias. Se não fosse assim, ele o teria abandonado nos primeiros meses.

Controlar nossas características doentias e não deixar que elas se manifestem não significa superá-las definitivamente. Para superá-las, é necessário reescrevê-las nas matrizes da memória. Mais cedo ou mais tarde elas podem ser sutilmente nutridas e surgir numa fase adulta. A perda de um emprego pode fazer eclodir uma grande insegurança que estava represada. Um ataque de pânico pode trazer à tona uma preocupação excessiva com doenças que estava razoavelmente controlada.

Foi o que aconteceu com Judas. Ele parecia o mais equilibrado dos discípulos, mas apenas mantinha sob controle suas características doentias. As dos demais discípulos eram mais visíveis e causavam mais tumulto. Portanto, era mais fácil tratá-las.

Não é tão fácil tratar as pessoas tímidas. Embora pareçam mais éticas e solícitas do que a média das pessoas, elas ocultam conflitos. Falam pouco, mas pensam muito. Como não se expõem, é difícil ajudá-las. Para elas, a melhor maneira de administrar os conflitos é escondendo-os. Não tenha medo nem vergonha dos seus conflitos. Desista de ser perfeito. O Mestre da Vida nunca exigiu que seus discípulos não falhassem; exigiu, sim, que perdoassem, que tivessem compaixão e amor uns pelos outros.

Judas tinha provavelmente menos conflitos do que os demais discípulos, mas era uma pessoa que se escondia atrás de sua aparência ética. Seus parceiros não o conheciam, nem ele mesmo conhecia suas mazelas psíquicas.

O segundo grupo de conflitos de Judas advinha da sua relação com Jesus. Judas ficava perturbado com os paradoxos do mestre. Jesus contrariava qualquer raciocínio lógico e linear, mesmo dos dias atuais.

O Mestre dos Mestres era capaz de uma oratória sem precedentes, mas, logo depois de deixar as multidões extasiadas com suas ideias, procurava o anonimato. Seu poder de atuar no mundo físico e curar doenças era capaz de deixar atônitas a física e a medicina modernas, mas jamais o usava para que o mundo se dobrasse aos seus pés. Ele se dizia imortal, mas anunciava que morreria, como o mais vil dos mortais, pendurado numa trave de madeira. Inquietou os líderes de Israel com sua inteligência, mas não procurava convencê-los a aderir à sua causa.

Dificilmente alguém tão grande desprezaria tanto os aplausos humanos e o poder político como ele desprezou. Os olhos tristes de um leproso eram mais importantes para ele do que o mundo aos seus pés. A compaixão por uma prostituta arrebatava-lhe o coração mais do que uma reunião de cúpula querendo aclamá-lo rei. Quem poderia entender um comportamento desses? Até hoje, milhões de judeus admiram Jesus, mas não o compreendem e não o consideram o Messias.

Na atualidade, grande parte da humanidade diz seguir seus ensinamentos, mas a maioria não conhece essas características da sua personalidade. Sob qualquer aspecto – teológico, psicológico, psiquiátrico, sociológico ou filosófico –, é difícil compreendê-lo, mas em todos eles Jesus foi o Mestre dos Mestres.

O que me encanta como pesquisador da psicologia e da filosofia não são os milagres fantásticos que ele fez, mas sua capacidade de não perder as próprias raízes. Jesus nadou contra a correnteza da intelectualidade. A fama não o seduziu. Ao contrário da grande maioria das pessoas que dão um salto na fama, ele sempre deu uma atenção especial a cada ser humano. Nos últimos dias antes de sua morte, ele era famosíssimo. Tinha milhões de coisas com que se preocupar. Mas abandonou tudo por causa de um simples amigo, Lázaro (*João 11:1*).

Jesus era incompreensível para Judas. Nos primeiros tempos, o mestre foi fonte de alegria para ele, depois se tornou uma fonte de conflitos. Uma pedra no caminho de suas ambições.

Judas queria mudar o mundo exterior

Judas queria que Jesus eliminasse todos os sofrimentos de Israel, mas Jesus afirmava que não há noite sem tempestades, jornadas sem obstáculos, risos sem lágrimas. Para Judas, o problema da sua nação era o cárcere do Império Romano. Para Jesus, o problema era muito mais grave, era o cárcere da emoção, o cárcere das zonas de conflito que se encontram nas matrizes da memória. O problema estava na essência do ser humano.

Jesus dizia, de múltiplas formas, que o ser humano só seria livre se fosse livre dentro de si mesmo, se seu espírito fosse transformado, se a fonte dos seus pensamentos fosse renovada, reescrita.

A decepção com Jesus criou um clima favorável para o cultivo dos espinhos. O entusiasmo, a alegria e os sonhos iniciais de Judas se converteram em preocupações e ansiedades. Uma competição estabeleceu-se no seu interior.

A compreensão sociopolítica do Mestre dos Mestres era invejável. Marx teria muito a aprender com ele. Jesus sabia que somente uma mudança de dentro para fora pode ser revolucionária. Somente a mudança nos solos conscientes e inconscientes pode gerar o mais belo florescimento da ética, da solidariedade, do respeito pelos direitos humanos e, principalmente, de um amor mútuo.

Tenho, durante anos, me perguntado por que um discípulo íntimo de Jesus o traiu? Jesus era seguro e honesto; ninguém exalou tanta doçura, gentileza e serenidade. Mesmo nas pouquíssimas vezes em que se irou, não agrediu as pessoas, mas o sistema hipócrita em que viviam.

Como Judas pôde traí-lo? Na realidade, Judas foi controlado por seus conflitos. Antes de trair Jesus externamente, traiu a imagem de Jesus que construíra dentro de si. Essa imagem não batia com a imagem do salvador de Israel que ele inicialmente tinha.

Milhares de pensamentos dominavam o palco da mente desse jovem discípulo. Ele entregara sua vida por alguém que agora não compreendia. Creio que Judas jamais deixou de admirar Jesus, mas nunca chegou a amá-lo.

As lições da escola viva de Jesus ajudaram a desenvolver a personalidade de Judas, mas não podiam fazê-lo amar. Amar é o exercício mais nobre do livre-arbítrio. Ninguém controla plenamente a energia do amor, mas pode direcioná-la ou obstruí-la. Judas precisava decidir amar Jesus. Geralmente a obstrução do amor resulta de frustrações e desencontros. Se Judas abrisse seu ser para Jesus, expusesse seus conflitos, falasse das suas decepções, seria apaixonado pelo Mestre da Vida. O verdadeiro amor faz com que uma pessoa nunca desista da outra, por mais que ela a decepcione.

Muitos casais se separam não porque não se admirem, mas porque não conseguem falar das próprias frustrações um para o outro. Só percebem que o casamento está falido quando um dos cônjuges pede o divórcio. A partir de hoje, seja transparente com quem você ama, inclusive com seus filhos e amigos. A falta do diálogo faz com que as pequenas pedras se transformem em montanhas.

Jesus também frustrara os demais discípulos por não atender às suas ambições, mas eles o amavam. Não abriam mão dele, por mais que enfrentassem problemas, por mais incompreensível que fosse sua atitude de amar os inimigos e dar um valor inestimável aos que viviam à margem da sociedade.

Judas traiu o filho do homem, e não o filho de Deus. Judas não acreditava que Jesus era o Messias. Um crucificado que dizia que morreria pela humanidade não correspondia às suas expectativas. Ele procurava um herói. Até hoje muitos procuram um Jesus herói. É difícil entender alguém que despreza o poder e ama as coisas simples e aparentemente desprezíveis.

Judas revela seu coração

Pouco antes de Judas traí-lo, aconteceu um fato marcante. A notoriedade de Jesus estava incontrolável. Mas, em vez de fazer reuniões políticas ou erguer um grande palco para novos e vibrantes discursos, o mestre se encontrava na casa de um homem famoso por suas chagas: Simão, o leproso. Provavelmente, somente os cães entravam na casa e eram seus amigos. Simão estava radiante porque encontrara em Jesus um outro amigo. O homem mais famoso de Israel o privilegiava com sua amizade.

Judas já não tolerava mais a humildade de Jesus, mas entrou lá com os demais discípulos e outras pessoas. O ambiente não era recomendado para pessoas ambiciosas. Que ganho alguém teria por assentar-se à mesa com um homem socialmente rejeitado? Foi nessa casa que Judas manifestou, pela primeira vez, o seu coração.

Havia uma mulher de nome Maria. Maria era irmã de Lázaro. Ela amava Jesus profundamente e percebeu mais do que os outros discípulos que ele estava vivendo seus últimos momentos. Era difícil acreditar que Jesus morreria. Seu coração estava partido. Então, ela pegou o que tinha de mais precioso, um vaso de alabastro contendo um perfume caríssimo, quebrou-o e ungiu os pés de Jesus, enxugando-os com seus cabelos (*João 12:6*).

Maria desejava que Jesus exalasse o perfume do seu amor. Judas observou a cena e condenou publicamente a sua atitude. Era muito dinheiro para ser desperdiçado. Mostrando ética e aparente espiritualidade, disse que o perfume deveria ter sido vendido e o dinheiro entregue aos pobres. Sua reação era um teatro. Ele já roubava dinheiro das ofertas destinadas ao sustento da pequena comitiva de Jesus.

As mulheres são mais espontâneas, solícitas, gentis e dóceis que os homens. Elas se doam, se entregam, protegem e se preocupam mais com os outros do que os homens. Por isso, segundo as estatísticas da psiquiatria, elas se expõem mais e adoecem mais que eles. Maria amava intensamente Jesus. Não pensou em si, pensou na dor do mestre, no seu sacrifício. Cometeu um ato ilógico, um ato que só o amor pode explicar.

Ela recordou o que Jesus fizera por todos os abatidos. Viu mães saindo do caos da tristeza para um oásis de alegria. Presenciou paralíticos saltando como crianças, leprosos estourando a bolha da solidão. Testemunhou os aprisionados pelo medo voltarem novamente a sorrir. Então, comprou um perfume, resultado da economia de uma vida, e o derramou sobre os pés de Jesus. O perfume falaria mais do que as palavras.

Ao condenar Maria, Judas parecia estar preocupado com os pobres, mas pensava apenas em si mesmo. Seu discurso traía seu coração. Dias mais tarde, entregou Jesus por 30 moedas de prata. O preço da traição foi cerca de duas a três vezes menor do que o perfume de Maria. O preço de um escravo (*Mateus 26:14*).

O homem que dividiu a história foi traído pelo preço de um escravo. Ele sempre foi um servo. Agora, na sua morte, assumiria o status que sempre quis: um escravo da humanidade. Por que Judas o traiu por preço tão baixo? Porque não planejou sua traição. Ele o traiu na última hora, em meio a grande perturbação, embora havia meses já estivesse em conflito.

O clima em Jerusalém estava tenso. Jesus já não conseguia

andar com liberdade sem ser assediado por grandes multidões. O sinédrio judaico inquietava-se, e o governo preposto de Roma estava confuso. Judas não tinha tempo para pensar, talvez o traísse por qualquer preço. Por quê? Porque Jesus deixou de ser o homem dos seus sonhos. A sua frustração fechou as janelas da sua inteligência.

João Batista aguardou por três décadas o homem dos seus sonhos. Mas bastaram pouco mais de três anos para Judas se decepcionar com ele. Judas queria um leão, mas Jesus era um cordeiro. Se você vivesse naquela época e fosse um seguidor de Jesus, estaria decepcionado com ele? Todos os discípulos, de certa forma, ficaram decepcionados. A cruz era inconcebível e incompreensível.

Quantos não se decepcionaram com Cristo porque, após segui-lo, seus problemas externos aumentaram? Quantos se afastam de Deus porque suas orações não são ouvidas no momento que querem e do jeito que desejam?

A análise das biografias de Jesus evidencia que quem procura Deus em busca de algo concreto pode se frustrar. Quem o procura pelo que ele é encontra a paz, pois consegue segurança em meio ao medo, força na fragilidade, conforto nas lágrimas, descanso nas perdas.

Judas tramava traí-lo e Jesus tramava conquistá-lo

Jesus teve a ousadia de confiar a Judas a bolsa das ofertas. Por quê? Ele desejava que Judas revisse a sua história enquanto cuidava das finanças do grupo. O mestre nunca pediu conta dos erros das pessoas. Nunca inquiriu as prostitutas sobre com quem e com quantos homens elas haviam dormido. Jamais acusou Judas de ladrão.

Jesus não tinha medo de perder o dinheiro roubado por Judas. Tinha medo de perder o próprio Judas. Sabia que quem é desonesto rouba a si mesmo. Rouba a própria tranquilidade, a serenidade, o amor pela vida. O coração de Judas estava doente, ele não amava Jesus nem se amava. Os transtornos de personalidade de Judas, tipificados pelos espinhos, eram seu grande teste.

O homem mais doente não é o que tem a pior doença, mas o que não reconhece que está doente. O maior erro de Judas não foi a traição, mas sua incapacidade de reconhecer as próprias limitações, de aprender com o mestre que os maiores problemas humanos estão na caixa de segredos da personalidade.

A atitude de Jesus deixa intrigada a psiquiatria e a psicologia. Na última ceia, Jesus anunciou a sua morte e disse, com o coração partido, que um dos discípulos o trairia. Todos queriam saber o nome do traidor. Mas Jesus não expunha publicamente os erros das pessoas. Eles insistiram. Então Jesus deu um pedaço de pão ao seu traidor numa cena dissimulada. Ninguém percebeu o que se passava, apenas Judas. Ele o fitou e disse: *"Faze depressa o que estás fazendo"* (*João 13:27*).

Ele poderia, como qualquer um, repreender, esbravejar, criticar agressivamente seu traidor, mas deu-lhe um pedaço de pão. Quem na história teve essa extraordinária atitude? Mesmo pessoas éticas expurgam os que se opõem a elas. Mas Jesus deu a outra face a Judas. Amou o seu inimigo.

Jesus tinha medo de perder Judas, e não de ser traído por ele.

Judas saiu de cena. Sua mente estava bloqueada. Sua emoção tensa e angustiada o impedia de pensar. Os computadores não têm o fantástico mundo da emoção e por isso são livres para abrir seus arquivos. Por ser incomparavelmente mais complexo, o ser humano não tem essa liberdade. A emoção determina o grau de abertura ou fechamento dos arquivos existenciais. A emoção nos liberta ou nos aprisiona. As pessoas mais lúcidas, incluindo intelectuais, reagem como crianças ao calor das tensões.

Há meses a emoção de Judas obstruíra os principais arquivos de sua memória, comprometendo a construção de cadeias de pensamentos inteligentes. Judas já não era mais livre em sua mente. Os treinamentos de Jesus já não produziam o mesmo impacto. Ele interpretava gestos e palavras do mestre com grandes distorções.

O sinédrio tinha medo de prender Jesus publicamente. O risco de uma revolta popular era grande. Quando Judas apareceu, uma luz se acendeu. Poderiam prendê-lo à surdina, num local isolado. Uma vez preso, seria possível fazer um julgamento precipitado, rápido, sem que as multidões tivessem consciência do que estava ocorrendo. Era uma oportunidade única.

No momento da traição, Jesus provou mais uma vez que estava procurando reconquistar Judas, dando-lhe outra oportunidade de repensar sua atitude. Judas veio na frente da escolta e o beijou. Jesus se deixou beijar. Embora confuso, Judas conhecia seu mestre. Bastava um beijo para identificá-lo. Sabia que não seria repreendido. Como comentei em outros textos dessa coleção, Jesus teve uma atitude ímpar. Fitou o traidor e o chamou de amigo (*Mateus 26:50*).

O Mestre dos Mestres golpeou o coração de Judas com seu amor. Jamais alguém amou tanto, incluiu tanto, apostou tanto, deu tantas chances a pessoas que mereceriam apenas o desprezo. Judas não esperava esse golpe. Saiu de cena perplexo.

As pessoas que fizeram guerras defendendo o cristianismo, como nas Cruzadas, as fizeram em nome de um Cristo imaginário, irreal. O Cristo real foi o que amou seu traidor. O Cristo real foi o que cometeu loucuras de amor por cada ser humano. Foi o que teve coragem de esquecer a sua dor para pensar na dor do outro, mesmo que o outro fosse um carrasco.

Se Jesus chamou seu traidor de amigo, quem pode decepcioná-lo? Ninguém! Que erro uma pessoa precisa cometer contra ele para fazê-lo desistir dela? Nenhum. A personalidade do mestre vai de tal maneira contra a nossa lógica que jamais poderia ser uma obra de ficção. Jesus não cabe no imaginário humano.

Morrendo por todos os traidores

Na infância, vi pessoas fazendo bonecos de Judas e espancando-os. Aos olhos dessas pessoas que se diziam cristãs, Judas deveria ser espancado e ferido. Mas, aos olhos de Jesus, Judas deveria ser acolhido e amparado.

O significado da morte de Jesus é envolto num manto de mistérios e perturba a ciência. Segundo o próprio Jesus, ele estava cumprindo diante de Deus todos os códigos jurídicos e éticos em favor de todos os seres humanos. As dívidas com Deus seriam eliminadas com seu sacrifício. Ele morreu por todos os que falham, erram, negam, traem.

Nesses anos todos exercendo a psiquiatria e pesquisando os segredos da mente humana, descobri que todos nós temos um pouco de Judas em nosso currículo. Quem não é traidor? Você pode não ter traído alguém, mas dificilmente não traiu a si mesmo. Quantas vezes você disse que seria uma pessoa paciente, mas uma pequena ofensa ou contrariedade bloqueou sua inteligência e o levou à ira? Você traiu a sua intenção. Quantas vezes, depois de um ato de infidelidade, você prometeu que isso não se repetiria, mas acabou ferindo novamente as pessoas que mais amava? Você traiu sua promessa.

Quantas vezes você disse que não levaria seus problemas para a cama, mas deixou que ela se tornasse uma praça de guerra? Você traiu seu sono. Quantas vezes você prometeu que sorriria mais, seria mais bem-humorado, leve e livre, mas suas promessas não resistiram ao calor dos problemas? Você traiu sua qualidade de vida. Eu já me traí muitas vezes. É fácil sermos carrascos de nós mesmos.

Quantos de nossos sonhos foram abandonados! Traímos nossos sonhos de infância e juventude. Prometemos lutar por nossos ideais, dar um sentido nobre à nossa vida, valorizar as coisas essenciais, mas gastamos uma energia descomunal com coisas banais. Raramente rompemos a rigidez da nossa agenda para fazer aquilo que nos dá prazer, nos relaxa e encanta. Sofremos por problemas que não aconteceram, nos preocupamos demais com as críticas dos outros, fazemos um cavalo de batalha por questões tolas. Somos todos traidores. O Mestre da Vida estava morrendo por todos nós.

Quantas vezes julgamos nossos filhos, amigos, colegas de trabalho, sem perceber que aquilo que nos dão é o máximo que conseguem naquele momento? Quantas vezes não conseguimos entender que as pessoas estão pedindo ajuda e compreensão com seus comportamentos grotescos? Em vez de acolher o pedido, atiramos pedras. Quantas vezes cobramos das pessoas o que elas não têm capacidade de dar! Somos punitivos e autopunitivos. Não temos compaixão dos outros nem de nós mesmos.

Quantas vezes traímos Deus? Nós não o vemos, não o tocamos fisicamente, e por isso é muito fácil traí-lo. Uns trocam Deus por uma grande soma de dinheiro; outros, por uma quantia menor que a de Judas. Uns viram as costas para Ele quando atingem o sucesso; outros o negam quando fracassam, culpando-o pelo que Ele nunca fez.

Quantas vezes vendemos as sementes de Jesus, suas caríssimas palavras, por um preço menor do que o de uma mercadoria da feira? O amor, a tolerância, o perdão, o acolhimento, o afeto, a compreensão, a capacidade de se doar sem esperar retorno, a capacidade de pensar antes de reagir são sementes universais, representam o ápice das aspirações humanas. Elas estão no topo das aspirações dos pajés das tribos indígenas, dos líderes das tribos africanas, dos ensinamentos de Confúcio, dos pensamentos de Buda e das melhores ideias dos filósofos.

Apesar de Jesus ter sintetizado os desejos fundamentais de todos os povos de todas as eras, muitas vezes desprezamos sua história, assim como fez Judas. Não analisamos suas palavras com a profundidade que merecem.

Todos sabemos que um dia morreremos, que a vida é efêmera. Num instante somos meninos; no outro, idosos. Mas vivemos como se fôssemos imortais. Adiamos a busca da sabedoria. Não perguntamos: "Deus, quem é você? Você é real?" Tomamos o melhor antibiótico quando estamos doentes, procuramos o melhor mecânico para consertar o motor do carro, verificamos minuciosamente o saldo da conta bancária, mas não nos preocupamos em desenvolver nossa inteligência espiritual, em buscar Deus de maneira inteligente.

A maioria de nós estava, de alguma forma, sendo representada por Judas. Jesus morria por todos os que mancharam a própria história com algum tipo de traição. Judas o traía, e Jesus o perdoava. Mas um grande problema surgiu: Judas seria capaz de se perdoar?

O suicídio de Judas

Jesus queria proteger a emoção de Judas quando o chamou de amigo. Estava preocupadíssimo com seu sentimento de culpa. Sabia que o discípulo se torturaria. Nada abala tanto uma pessoa quanto o peso na sua consciência. Nada perturba mais do que achar-se indigno de viver. A crítica dos outros talvez seja suportável, mas nossa autopunição pode ser intolerável.

O mestre era um homem seguro e de bem com a vida em situações inóspitas. Seu amor por Judas não cabe no imaginário humano. Sabia que Judas não era um psicopata que fere e mata sem se sensibilizar com a dor da vítima, sem qualquer sentimento de culpa. Paulo, o discípulo tardio, tinha uma agressividade e uma violência muito maiores do que as do traidor. Judas errava muito, mas era um homem sensível. O sentimento de culpa pela traição seria o maior teste da sua vida.

Se Judas pudesse remover os espinhos e encontrar o perdão e o amor de Jesus, certamente seria um dos principais personagens entre os mais ilustres cristãos do primeiro século. Viu Jesus sendo preso por sua causa sem se debater, mostrando serenidade num momento de enorme agitação. Todos estavam tensos: Judas, a escolta e os discípulos. Só Jesus dominava seus impulsos. Só ele tinha controle da própria emoção.

Ao afastar-se, Judas pôs-se a refletir sobre o comportamento de Jesus e começou a se angustiar. Caiu em si e disse que traíra sangue inocente. Tomou consciência de que traíra o mais inocente dos homens. Uma angústia dramática tomou conta do território da sua emoção, bloqueando os principais arquivos da sua memória. Não conseguia pensar direito. Não conseguia encontrar as sementes de Jesus nos arquivos bloqueados. O perdão, o amor e a compreensão não eram alcançados. Precisava recordar a parábola do filho pródigo, as palavras do sermão da montanha, as palavras no ato da traição, mas os fenômenos que constroem cadeias de pensamentos se ancoraram nas matrizes doentias da sua memória. A culpa o controlou.

Quantos, neste exato momento em que você está lendo este livro, estão se torturando pelo sentimento de culpa? Acham-se indignos de viver, de existir. Uma dose leve de sentimento de culpa pode gerar reflexão e mudança de rota. Mas uma dose alta é capaz de gerar autodestruição.

Judas não suportou. Pensou em morrer, achando que não haveria lugar na terra para um traidor, sobretudo o traidor do Mestre dos Mestres. Ninguém o compreenderia. Ele não suportaria conviver com seu erro. Ledo engano! Se usasse, para reconhecer seu erro e se arrepender, a mesma coragem que teve para trair, corrigiria a sua trajetória e brilharia. Não seria possível mudar o destino de Jesus, pois ele morreria de qualquer maneira, mas Judas mudaria o próprio destino.

Quando o mundo nos abandona, a solidão é suportável, mas quando nós nos abandonamos, a solidão é quase insuperável. Nunca devemos nos autoabandonar. Judas se abandonou. Não se perdoou. Desistiu de si mesmo. Suicidou-se. Mas ele queria matar a própria vida? Não!

Ninguém que pensa em suicídio ou que pratica atos suicidas quer exterminar a existência, mas a dor que solapa a sua alma. Em vários dos meus livros tenho comentado que o conceito de suicídio na psiquiatria está errado. Quem pensa em suicídio tem fome e sede de viver. Um pensamento sobre a morte é sempre uma manifestação de vida, é a vida pensando na morte.

A consciência não consegue pensar na inconsciência absoluta. A consciência não atinge, através do mundo das ideias, o nada existencial. Nenhum ser humano pensa em dar fim à vida, mesmo quando atenta contra ela. O que ele deseja é dar fim ao sentimento de culpa, à solidão, ansiedade, depressão.

Há poucos dias, uma jovem tentou o suicídio. Aflita, ela me procurou. Disse que tinha pensado, durante anos, em morrer. O motivo? Contou que seus pais não a compreendiam, não conseguiam entrar no mundo dela. Pagavam escola, davam-lhe roupas, mesada e cobravam muito dela, mas não a conheciam. Ela queria conversar com eles sobre seus sonhos, suas dores, suas crises. Mas os pais só conseguiam corrigir seus erros, repreendê-la. Então, ela tentou o suicídio tomando vários remédios. Queria que, quando morresse, as pessoas pensassem nela. Sentia uma grande carência.

Tive uma conversa séria e honesta com a jovem. Comentei que ela jamais deveria destruir sua vida por nada e por ninguém. Disse-lhe que matar-se é a atitude mais frágil diante dos obstáculos da vida. Falei que nada é tão indigno quanto tirar a própria vida. Ela devia usar sua dor não para destruí-la, mas para torná-la mais forte. E afirmei que, no fundo, ela tinha fome de viver. Como muitos pacientes, essa jovem deu um salto emocional. O sorriso voltou ao seu rosto na primeira consulta.

A pessoa que se suicida provoca cicatrizes na alma dos que a amam. É possível superar a mais longa noite e transformá-la no mais belo amanhecer. Não há lágrima que não possa ser estancada, ferida que não possa ser fechada, perda que não possa ser enfrentada e culpa que não possa ser superada. Os que transcendem seus traumas e erros tornam-se belos e sábios.

Aprenda a se perdoar. Não tenha medo da dor. Jamais se esqueça das sementes do Mestre da Vida.

CAPÍTULO 8

Pedro: antes e depois do mestre – o processo de transformação

A transformação da personalidade de Pedro

O coração psicológico de Pedro podia ser comparado ao solo à beira do caminho. Era rude, compactado, inflexível e sem grande cultura. Era impetuoso, irritado, tenso e especialista em reagir antes de pensar. Mas, ao contrário de Judas, era simples e transparente. Não dissimulava seus comportamentos, dizia o que pensava.

Sua mente era um livro aberto. Sua emoção, instável, mas sincera. Ficava fácil descobrir o que estava por trás das suas intenções. Pedro atropelava Jesus com frequência. Dizia coisas sem sua permissão. Colocava-o em situações difíceis, mas suas reações eram carregadas de ingenuidade, e não de maldade. Ele repetia os mesmos erros com frequência porque não sabia se controlar.

Era hiperativo. A psiquiatria precisa avançar na compreensão da hiperatividade. Tenho pesquisado muito sobre esse assunto.

As crianças ou jovens hiperativos possuem uma energia fenomenal, e sua mente está sempre ocupada com os próprios pensamentos. Por isso são dispersivos, não pensam nas consequências dos seus comportamentos, não refletem sobre suas dores, perdas e frustrações e, assim, repetem os mesmos erros com frequência. Devido ao transtorno que causam, é difícil ter paciência com os portadores de hiperatividade, mas, se a emoção deles for educada, podem se tornar seres humanos brilhantes. Pedro, como todo jovem hiperativo, era vítima da ação do gatilho da memória, que é um fenômeno inconsciente que abre em milésimos de segundo os primeiros arquivos diante de um estímulo. O gatilho da memória produz as respostas imediatas, que devem ser lapidadas. Mas as pessoas hiperativas, em vez de lapidá-las, as exteriorizam. Quando ofendido, Pedro rebatia sem analisar. Quando questionado, a resposta estava na ponta da língua sem grandes reflexões.

Era tão rápido que não titubeou em dizer que jamais negaria Cristo. Sua impulsividade impediu-o de pensar duas vezes antes de cortar a orelha de um soldado que se aproximou de Jesus para prendê-lo. Não analisou que havia uma grande escolta e que seu ato poderia provocar consequências imprevisíveis naquela noite.

Pedro parecia um homem de extrema coragem, mas, como não se interiorizava, não conhecia seus limites. Cortou a orelha do soldado porque se apoiava na grandeza de Jesus. Mas, quando Jesus deixou de realizar seus atos sobrenaturais e optou pelo silêncio, a força de Pedro se evaporou no calor das dificuldades.

Dentre os que andaram com Jesus, ninguém errou tanto quanto Pedro. Mas havia uma qualidade nele que sempre habitou nos grandes homens. Não tinha medo de errar, de chorar, de se entregar para aquilo em que acreditava, de correr riscos para conquistar seus sonhos. Era rápido para errar e rápido para se arrepender e retornar ao caminho.

Descobrindo o segredo de aprender

Pedro não era um intelectual, um homem de notório saber, mas tinha uma característica dos grandes pensadores: uma exímia capacidade de observação. Muitos universitários não possuem essa capacidade e por isso são meros repetidores de informações. Entre os cientistas, quem não desenvolve a observação não terá chance como pensador.

Pedro fitava deslumbrado seu mestre. Os laboratórios de Jesus causaram-lhe uma verdadeira revolução na colcha de retalhos da sua personalidade. Cada vez que Jesus abraçava uma criança e dizia para os seus discípulos que se eles não fossem como ela jamais entrariam no seu reino, Pedro ficava intrigado e pensativo. Ele talvez fosse o mais velho dos jovens discípulos, mas era o que mais se colocava como uma criança diante do seu mestre.

Por ser um grande observador, paulatinamente descobriu o segredo da arte de aprender. O segredo consistia em esvaziar-se dos preconceitos e paradigmas, não temer o novo, não ter receio de explorar o desconhecido. Entendeu que devia se colocar como uma criança que se expõe singelamente diante do mundo que a cerca. Quem não consegue se esvaziar das próprias verdades não consegue abrir as possibilidades dos pensamentos. Judas não soube aprender essa lição.

Qualquer pessoa que perde a capacidade de se esvaziar e de se colocar como uma criança aventureira diante do desconhecido torna-se estéril de novas ideias. Você tem cultivado essa capacidade? Há pessoas que não conseguem brilhar em suas profissões porque pensam e reagem sempre do mesmo jeito. Suas mentes estão engessadas. Muitos não conseguem conquistar filhos, cônjuge e amigos porque dão sempre as mesmas respostas para os mesmos problemas e nunca os surpreendem.

Jesus encantava a todos porque sempre tinha novas respostas. Era capaz de falar eloquentemente de Deus sem mencionar a palavra "Deus". No seu encontro com a samaritana deixou-a fascinada comentando os segredos da felicidade, do prazer inesgotável. Depois de ouvi-lo, ela saiu pela cidade falando para todos do encontro com Jesus. Quem dele se aproximava ficava estarrecido com sua perspicácia e capacidade de argumentação.

Jesus desafiava a compreensão dos seus discípulos, falando em código, por parábolas e sinais. Para entendê-lo, não bastava o exercício da lógica, era necessário aprender a pensar e a compreender a linguagem da emoção. Pedro, embora fosse agressivo e impulsivo, aprendeu essa nobilíssima linguagem. Ele não apenas admirou muito seu mestre, mas também o amou intensamente. Isso fez toda a diferença em sua vida.

Mais tarde, quando já era um homem de idade avançada, talvez 30 anos depois da morte de Jesus, Pedro escreveu a sua primeira epístola. Nela, ele revela a grandeza do seu aprendizado. Um pescador se tornou um grande pensador.

Sintetizando a sua própria história, Pedro disse nessa carta que devemos ser como crianças que desejam o genuíno leite espiritual. Pedro jamais deixou de aprender, nunca deixou de ter o coração de uma criança. As palavras de Jesus ainda estavam frescas no território de sua emoção. As sementes plantadas há tanto tempo ainda davam belos frutos, mesmo em meio às turbulências e perseguições que sofria. Essa carta foi escrita em 64 d.C., um ano antes de Nero promover uma grande perseguição aos cristãos. Numa época de temor, o amor prevaleceu. Numa época de loucura, a sabedoria floresceu.

Nero provocou um incêndio criminoso em Roma e culpou os cristãos. Queria um pretexto para eliminá-los. Foi desumano e violento porque sabia que havia uma chama inapagável no coração dos seguidores de Cristo. Homens e mulheres tornaram-se pasto de leões no Coliseu. O sofrimento era enorme, mas quem pode destruir o amor? Quanto mais eram perseguidos, mais os cristãos amavam.

Um grande amigo de Jesus

Jesus tinha um cuidado especial com Pedro. Sabia que ele era precipitado, mas também que era sincero e franco. Apesar de seu comportamento ansioso, o mestre confiava nele. Fico fascinado com o fato de Jesus expor o seu coração a uma pessoa tão despreparada. Os seus segredos mais íntimos foram compartilhados com Pedro e os irmãos Tiago e João.

Cada gesto de confiança de Jesus constituía o mais excepcional treinamento que um mestre poderia realizar na transformação da personalidade de um discípulo imaturo. Confie nas pessoas difíceis. Abra seu coração a elas. Não desista delas, mesmo quando tiver motivos. Um dia você se surpreenderá com os resultados.

Se Pedro vivesse nos dias de hoje, as escolas clássicas o expulsariam. Ele criaria tumulto na sala de aula. Não conseguiria se concentrar e registrar informações. As aulas sem sabor emocional não o cativariam. Seus professores desejariam vê-lo a quilômetros de distância.

Nos dias de hoje, talvez Pedro não tivesse chance de tornar-se um grande homem. Mas, como encontrou o Mestre dos Mestres, sua vida deu uma guinada. Jesus investiu solidamente nele. Treinou continuamente sua personalidade, levou-o a trabalhar a tolerância, a usar os erros para educar a emoção e a estimular sua arte de pensar. O resultado? Pedro tornou-se um dos homens mais brilhantes e uma dádiva para a história da humanidade.

Como Jesus lapidou a hiperatividade e a ansiedade de Pedro? Aproveitando as próprias complicações que seu discípulo criava. Certa vez, quando perguntado por funcionários a serviço de Roma se seu mestre pagava imposto, Pedro respondeu que sim, sem perguntar a Jesus. O mestre, paciente, enviou-o a pescar. Disse-lhe que no primeiro peixe que fisgasse encontraria uma moeda que serviria para pagar o imposto.

Pedro não tinha paciência para pescar com vara. Gostava da aventura no mar. Pescar com vara era um exercício para sua paciência e encontrar uma moeda na boca de um peixe era um exercício para sua fé. Parecia algo impossível. Enquanto pescava, ele questionava sua impulsividade e devia perguntar-se: "Por que sou tão precipitado? Da próxima vez, fecho a boca." Por fim, pescou um peixe que tinha a tal moeda e aprendeu uma grande lição: pensar antes de reagir. Essa lição não foi definitiva, mas um bom começo para quem vivia a lei do "bateu-levou".

Pedro falhou muito, mas se tornou um grande amigo do Mestre da Vida. Os miseráveis sempre amaram mais Jesus do que os que se consideravam justos. Os que falharam e tiveram a coragem de reconhecer suas fragilidades não eram colocados em segundo plano, ao contrário, cultivavam um íntimo relacionamento com ele. Os últimos se tornaram os primeiros. Eles tiveram o privilégio de ver a grandeza e a humildade de Cristo. Seu poder e suas lágrimas.

Negando o seu mestre

Jesus disse reiteradas vezes que partiria. Seria preso, torturado e crucificado. Como pode alguém que desarma a mente de qualquer opositor morrer de modo tão vil? Como pode alguém que discursa sobre a eternidade terminar a vida pendurado numa trave de madeira? Para Pedro, isso parecia impossível. Mas, à medida que o fim se aproximava, o discípulo pressentiu que perderia Jesus. Ficou inconsolado. Não compreendia que a cruz era o desejo do seu mestre, e não uma fatalidade.

O carpinteiro da emoção esculpiu o amor na alma do pescador. O pescador aprendeu a amar. Amou intensamente o carpinteiro e as pessoas que o cercavam. Pedro talvez tivesse morrido pescador se Jesus não o tivesse encontrado. Ao segui-lo, Pedro passou a ver a humanidade de modo diferente. A vida ganhou um novo sentido. O tédio diluiu-se, a repetição dissipou-se. Os problemas externos aumentaram, mas a alegria multiplicou-se e a paz alcançou níveis inimagináveis.

Andar com Jesus era uma aventura maior do que viver no mar. Diariamente havia coisas novas. Quando Jesus insinuou a grande despedida na última ceia, uma tristeza aguda abarcou a emoção de Pedro. O teatro da sua mente foi invadido por pensamentos sombrios.

Jesus caminhou para o Jardim do Getsêmani e seus discípulos, inconformados, o acompanharam. Comentei esse assunto em outros textos, na perspectiva de Jesus; agora preciso comentá-lo na perspectiva dos discípulos. A mente deles não parava de pensar e roubar energia do córtex cerebral, produzindo um desgaste enorme, uma fadiga intensa. Em poucas horas eles gastaram mais energia do que em dias de trabalho braçal extenuante.

No Getsêmani, Jesus chamou em particular Pedro, Tiago e João. Subitamente, o mestre disse algo incomum: falou sobre sua dramática dor emocional. Permitiu que eles vissem suas reações de estresse. Os olhos dos discípulos presenciaram um espetáculo único. Os capilares de Jesus estouravam na periferia da pele, produzindo um suor sanguinolento. Quantos pensamentos não passaram na mente de Pedro? Jesus angustiado, sofrendo, confessando sua dor? Impossível!

Ele observava a queixa do Mestre dos Mestres e as orações suplicantes ao seu Pai e ficava cada vez mais perplexo (*Mateus 26:37*). O mestre imbatível chorava diante do caos. Jesus, que enfrentara o mundo, pedia agora que fosse afastado dele o cálice? Que cálice era esse? Que fuga era essa? Pedro começou a negar Jesus naquele momento. Ele não compreendia que Jesus clamava para que seu Pai afastasse não o cálice da cruz, mas o cálice da sua mente, os pensamentos antecipatórios sobre o cálice da cruz que dilaceravam sua emoção.

A fadiga emocional de Pedro aumentou ainda mais. Seu cérebro, para evitar um colapso e economizar energia, provocou-lhe sonolência. Acabaram-se suas reservas. Pedro dormiu juntamente com Tiago e João. No momento em que Jesus mais precisava deles, não conseguiram estar alertas.

Ao ver seu mestre preso, Pedro ainda mostrou alguma força, mas já cambaleava. O silêncio de Jesus o amedrontou. Os discípulos fugiram, Pedro seguiu-o a distância. Disfarçadamente, penetrou no pátio do sinédrio. Não se deu conta de que, ao mesmo tempo, entrava no pátio da sua emoção, percorria as vielas do medo e vivia o mais intenso treinamento da sua personalidade.

Jesus era questionado, mas nada respondia. O silêncio de Jesus ecoava como uma cascata na alma de Pedro. As sessões de espancamento ferindo o rosto do mestre eram um espetáculo de terror. O medo irracional é o maior ladrão da inteligência. Um pequeno inseto pode se tornar um monstro, uma taquicardia pode gerar a falsa impressão de enfarte, um elevador pode se tornar um cubículo sem ar. O medo traz à luz os fantasmas.

Pedro reagia por instinto. Seu cérebro clamava para que ele saísse de cena, mas a intensidade do medo e do conflito existencial que o dominava o paralisaram. Quando questionado, negou Jesus. Questionado pela segunda vez, negou novamente. Na terceira vez foi longe demais: *"Eu não conheço esse homem! Nunca andei com ele! Não faço a mínima ideia de quem seja!"* (Mateus 26:69) Horas antes, ele jurara que morreria com Jesus, mas agora Jesus era um estranho para ele.

No livro *O Mestre dos Mestres* vimos que, quando Pedro o nega pela terceira vez, Jesus se esquece da dor e o acolhe com o mais sublime olhar. O carpinteiro e o pescador se reencontraram num dos olhares mais belos da história. Jesus estava ferido e encontrava-se afastado. Não havia possibilidade de falar com Pedro e consolá-lo. Mas, quando as palavras lhe faltaram, o mestre falou com os olhos. Falou que compreendia a fragilidade do seu discípulo querido, que em hipótese alguma o esqueceria, que o amaria para sempre, ainda que ele o negasse inúmeras vezes.

O olhar de Jesus desbloqueou a mente de Pedro e ele caiu em si. Saiu de cena e foi chorar. Chorou amargamente. Ninguém poderia consolá-lo. Cada gota de lágrima foi uma lição de vida. Cada gota de lágrima irrigou a sua capacidade de refletir. Ele não acreditava no que tinha feito. Nunca se vira tão frágil. Jamais traíra seus sentimentos.

Morrendo por todos os que o negam

Todos nós estamos, de alguma forma, representados na história de Pedro. Jesus não apenas o acolheu, mas acolheu todas as pessoas que são controladas pelo medo, que não conhecem seus limites, que nos momentos de tensão reagem sem pensar.

Quem não tem atitudes como as de Pedro? Quem é plenamente fiel à sua consciência em todos os momentos da própria história? Quem não é escravo do medo quando está doente ou correndo risco de morte? Quem não é tomado pela ansiedade quando ofendido, ameaçado, pressionado? Quem não nega as próprias convicções diante das tempestades da vida?

Desconfie das pessoas que não reconhecem suas fraquezas. Todos temos nossos limites. Muitos dos que se julgam estáveis e seguros não suportam situações imprevisíveis. Uma crise financeira é capaz de roubar-lhes a tranquilidade. Um fracasso os deprime. Uma crítica os leva a reações intempestivas. Uma doença os deprime.

Pedro era ansioso, mas não volúvel. Seu caráter era sólido. Seu erro foi muito grave, mas ele negou Cristo porque um medo intenso obstruiu as janelas da sua inteligência. Se vivêssemos naquele tempo, muitos de nós não cometeríamos esse erro porque não teríamos sequer coragem de entrar naquele pátio.

Dois grandes erros e dois destinos

Pedro não cometeu erros menos graves do que os de Judas. Judas traiu Jesus por 30 moedas de prata, e Pedro o negou veementemente para três pessoas de baixa posição social. Um traiu, outro negou. Os dois erros foram grandes e graves. Mas geraram dois destinos diferentes.

Tanto Judas quanto Pedro choraram intensamente. Ambos experimentaram um dramático sentimento de culpa. Pedro amava intensamente Jesus, e Judas o admirava imensamente. O amor de Pedro resistiu ao drama da culpa, a admiração de Judas sucumbiu a ela.

Pedro recordou que Jesus dissera que ele o negaria, e Judas, que ele o trairia. Pedro foi alcançado por um olhar de Jesus. Judas teve um privilégio maior, pois Jesus o chamou de amigo no ato da traição. Pedro compreendeu o olhar de Jesus. Judas não compreendeu a palavra "amigo". Judas não compreendeu a compaixão do mestre. O resultado?

Pedro se perdoou, Judas se puniu. Cada gota de lágrima que Pedro derramou produziu uma amarga lição de vida, e cada gota de lágrima que Judas derramou produziu um amargo sentimento de culpa. A dor de Pedro arejou sua emoção, fê-lo compreender a sua fragilidade. A dor de Judas sufocou sua emoção e tornou-o uma pessoa indigna.

Judas cortou relações com todos. Pedro não se isolou diante da dor. Teve a coragem de contar aos amigos o seu erro. Por isso, sua negação foi comentada nos quatro evangelhos e foi alvo de inúmeras conversas entre os primeiros cristãos. Todos se reconheceram em Pedro. A sua história revela um homem que aprendeu a ser grande por enxergar e admitir a sua pequenez. Só os grandes homens são capazes desse gesto.

Semanas mais tarde, após a morte de Jesus, Pedro teve reações inusitadas. Ele, que havia negado Jesus para pessoas simples, falou publicamente para milhares de pessoas sobre seu amor pelo mestre, incendiando o amor na multidão (*Atos dos Apóstolos 2:14*).

Após esse fato, Pedro foi preso diversas vezes, mas nunca mais negou Jesus. Esteve diante dos mesmos homens do sinédrio que tinham mandado espancar o mestre, mas desta vez foi seguro e eloquente. Fitou-os e disse que Jesus tinha ressuscitado, que vencera o inimaginável, o caos da morte.

A superação da morte de Jesus é uma notícia maravilhosa, mas entra na esfera da fé, transcende a investigação da ciência. Extrapola a análise proposta por esta coleção. O que desejo ressaltar aqui é que, após a morte de Jesus, o Pedro tímido e amedrontado se converteu num homem destemido e imbatível.

Se Pedro não tivesse negado Jesus, talvez não tivesse reeditado algumas áreas doentias da sua personalidade. Mas, ao conhecer seus limites e aprender a chorar, seu espírito inundou-se de um amor indecifrável. Este amor penetrou em cada área da sua alma e o transformou, pouco a pouco, num homem dócil, amável, gentil, tolerante.

As duas cartas que escreveu no final da vida refletem a sua mudança. Revelam um pensador sensível, arguto e afável. Pedro comentou nos seus escritos que devemos nos amar ardentemente com um amor genuíno. Disse que devemos nos despojar de toda inveja, maldade e falsidade. Comentou algo surpreendente: que Jesus vivia no secreto do seu ser. Foi ainda mais longe, dizendo que a dinâmica das relações sociais deve mudar, que não devemos pagar mal com mal, injúria com injúria.

A emoção de Pedro exalava sensibilidade. No final da sua primeira carta, enumerou os princípios que definem um verdadeiro líder. Assimilando as palavras do Mestre dos Mestres, afirmou que os líderes não devem controlar as pessoas, nem ser gananciosos e ansiosos, mas modelos de humildade, sobriedade, ânimo, mesmo diante das turbulências da existência. E terminou como o mais poético dos escritores: *"Saudai-vos uns aos outros com o ósculo do amor. Paz para todos vós que estais em Cristo"* (*I Pedro 5:14*).

Na sua juventude, Pedro não admitia desaforos. Era difícil encontrar sensibilidade nos seus gestos. Era capaz de usar a espada se fosse contrariado. Mas o jovem irritado e insensível transformou-se num poeta da solidariedade. Ele termina sua mais longa carta sem críticas, cobranças, sem apontar defeitos. Termina se despedindo de forma sublime, distribuindo beijos de amor para todos. Como este Pedro estava longe do Pedro individualista e agressivo dos tempos em que enfrentava o mar! Jesus revolucionara a sua vida.

Nunca o amor curou tanto as feridas da alma. Nunca se soube de alguém que aprendeu tanto tendo tão pouco. O apóstolo Pedro se tornou também um Mestre da Vida.

CAPÍTULO 9

João: antes e depois do mestre – o processo de transformação

A transformação da personalidade de João

Todos consideram João o mais dócil dos discípulos, o que não corresponde à realidade. Ele se transformou, ao longo da vida, num ser humano repleto de amor. Mas, antes de encontrar Jesus e durante a sua caminhada com o mestre, sua emoção flutuava como um pêndulo. João tinha momentos de brandura alternados com reações de intensa agressividade. Simplicidade, com intolerância. Foi o único que propôs excluir os opositores.

Jesus tinha especial apreço pelas pessoas complicadas. Declarou certa vez que tinha vindo para os doentes. Queria lapidar a personalidade deles e fazê-los pensadores. João, como Pedro, tinha graves defeitos em sua personalidade. Não há indícios de que fosse hiperativo, mas há evidências de que era tenso, explosivo e não sabia lidar com contrariedades. Também, à semelhança de Pedro, entre as suas principais características se destacavam a transparência e a sinceridade. Não sabia esconder os sentimentos. Não maquiava os segredos da alma.

Tinha enorme capacidade de observar detalhes. Registrava

os comportamentos de Jesus nos solos da sua memória como um fotógrafo profissional que observa luz, sombra e espaço. Desde cedo percebeu que Jesus não tolerava agressividade. Embora fosse vítima do gatilho da memória e, consequentemente, desse respostas rápidas e impensadas, entendeu que seguir Jesus exigia um preço da inteligência. Tinha de aprender a arte do perdão, a suportar críticas, a ser rejeitado, a enfrentar injustiças.

João já recebera algumas lições de sua mãe e de seu pai, Zebedeu. A pequena indústria de pesca era reflexo de um homem bem-sucedido. João, como seu irmão Tiago, já experimentara o gosto do sucesso. Eram ambiciosos. A certa altura da trajetória com Jesus, os dois revelaram sua ambição. Para surpresa do mestre, enviaram sua mãe como porta-voz para pedir que em seu reino um se assentasse à direita, e o outro, à esquerda.

Eles não entendiam que o reino de Jesus era em outra dimensão, não pertencia a este mundo físico. Achavam que Jesus assumiria o reino de Israel. Nesse eventual governo, desejavam os primeiros lugares, deixando os demais para os outros discípulos.

Jesus, admirado, disse que eles não sabiam o que pediam. Indagou se seriam capazes de beber o cálice que ele beberia, o cálice do seu martírio. Precipitados, eles responderam que sim. Provavelmente pensaram que se tratava de um cálice de vinho com que brindariam a vitória do mestre.

Os discípulos tinham grande dificuldade de entender a mensagem de Jesus. Mas, revelando uma paciência incomum diante de erros grotescos, Jesus não desistia deles e, quando os repreendia, fazia-o com brandura. Pouco a pouco o artesão da alma esculpia uma obra-prima nesses jovens incautos.

Todo grande líder estimula seus liderados a fazer grandes coisas, mas ninguém deseja ser superado. Todo grande mestre ensina esperando que seus discípulos se igualem a ele, mas nunca o ultrapassem. O comportamento de Jesus nessa área é magnífico.

Ele foi tão desprendido do poder que disse que, após a sua morte, eles fariam obras maiores do que as que ele tinha realizado.

Jesus desejava que João e os demais discípulos tivessem a mais legítima e sólida ambição, a ambição de amar as pessoas intensamente, aliviá-las e ajudá-las a compreender que são especiais para Deus, independentemente da sua falibilidade, dificuldades e condição social.

João ficava estarrecido ao presenciar o cuidado carinhoso de Jesus com as pessoas. O mestre tratava os miseráveis com a mesma atenção que dava aos líderes de Israel. Foi capaz de parar uma multidão só para conversar com uma mulher que há anos sofria de hemorragia. Interrompia comitivas e estendia as mãos para os mendigos como se eles fossem as pessoas mais importantes do mundo. Cegos, paralíticos, leprosos tinham seu dia de príncipe quando se encontravam com o Mestre da Vida. A humanidade de Jesus produzia laboratórios que chocavam a emoção contida de João.

Os fariseus diziam que Jesus era um louco, ameaçavam prendê-lo e matá-lo, mas Jesus não se perturbava e tratava-os com mansidão. Ao invés de enxotá-los, contava-lhes uma parábola para abrir as janelas de suas inteligências. João bebia continuamente da afetividade e da sabedoria de Jesus.

As matrizes doentias do inconsciente desse discípulo foram reescritas lenta, mas consistentemente. No começo da sua jornada, pediu a Jesus para eliminar os opositores. Dar a outra face não estava registrado no dicionário da sua vida. Aos inimigos, a punição exemplar. Mas o tempo passou e ele foi contagiado pelo amor de Jesus.

João começou a enxergar as pessoas com os olhos do coração. Olhava-as além da cortina dos seus comportamentos. Passou a entender que, por detrás de uma pessoa agressiva, falsa, arrogante, havia alguém em conflito que tivera uma infância infeliz. Desse modo, a intolerância foi dando espaço à gentileza. O julgamento precipitado, à compreensão. A indiferença foi substituída pela sublime preocupação com a dor dos outros.

Aos meus amigos: um grande presente

Ao final de sua jornada com Jesus, João conheceu a fonte do mais excelente dos sentimentos. Na última ceia, percebendo que seu mestre estava triste, teve um gesto incomum na frente dos seus amigos. Reclinou a cabeça sobre o peito do mestre. O jovem impetuoso aprendera rapidamente as lições de amor.

Reclinado sobre o peito de Jesus, João agradecia silenciosamente tudo o que o mestre tinha sido para ele. Revelou um amor que ultrapassava os limites da racionalidade. Não poderia voltar para o mar da Galileia, pois tinha aprendido a navegar em outras águas. Com Jesus, ele poderia enfrentar dificuldades maiores do que as tempestades no mar, mas sua vida só teria sentido se estivesse ao lado do seu mestre.

Aprendeu que não é o tamanho das tempestades que determina a solidez da segurança, mas a certeza do abrigo. Jamais se sentiu tão protegido como junto a seu mestre. Provavelmente, pela primeira vez, entendeu que valia a pena correr riscos para transformar os mais belos sonhos em realidade.

Na juventude, os discípulos de Jesus tinham sido ensinados a competir, a lutar por seus interesses, a tirar vantagem de tudo, a pensar primeiro em si e depois nos outros. Mas eles conheceram um vendedor de sonhos que era um excelente educador. O mestre colocou-os em situações imprevisíveis. Expôs as máculas de suas personalidades para transformá-las. Cuidou das feridas de suas almas. Por fim, vendeu-lhes o sonho do amor incondicional.

Quando terminou a ceia, Jesus se retirou. A noite era fria e densa, mas algo queimava no seu interior. Suas últimas palavras tinham sido eloquentes (*João 13 a 18*). Não pedira atos heroicos nem exigira gigantismo e perfeição, mas apenas que permanecessem no seu amor. E completara dizendo que a única coisa que os faria serem reconhecidos como seus discípulos seria o amor pelos outros. A marca de uma nova vida não era dada pelo sucesso das conquistas e a eloquência das palavras, mas pelo amor entre eles. Sem tal amor, tudo o que fizessem seria estéril e sem vida.

E continuou. Disse que não considerava seus discípulos seus servos, pois um servo desconhece o que está oculto no pensamento do seu senhor. Ele os considerava seus amigos, pois os amigos sabem o que está no coração um do outro. Jesus fez dos jovens galileus seus amigos íntimos. Confirmou isso dizendo que não há maior amor do que dar a própria vida pelos amigos.

Com essas palavras, deixou uma mensagem espetacular. O ápice da relação do ser humano com Deus é a amizade. Muitos querem ser servos e escravos de Deus, mas Deus quer amigos, para segregar-lhes no coração seus sentimentos. Muitos querem ser súditos do Mestre dos Mestres, mas ele quer amigos que conheçam as vielas do seu ser. Muitos mostram reverência diante de Deus, mas não sabem que a maior reverência é tornar-se um amigo íntimo.

Após essas palavras, Jesus prometeu-lhes algo impossível de ser observado pela investigação psicológica. Prometeu-lhes enviar um consolador, o Espírito Santo, que poderia dar-lhes força na fraqueza, segurança nas tormentas, alegria nas prisões. A ciência se cala diante dos fenômenos que envolvem o Espírito Santo, por ser uma questão que entra na esfera da fé, da experiência pessoal, da crença individual. Apenas podemos dizer que, indubitavelmente, após a morte de Jesus, os jovens frágeis e amedrontados deram um salto intelectual e emocional sem precedentes. Tornaram-se destemidos, intrépidos, ousados. Tiveram atitudes que nos deixam boquiabertos: cantavam nas prisões, alegravam-se nas perseguições e revelavam tranquilidade no martírio. Os segredos que teceram a personalidade dos discípulos são fascinantes.

Aos pés da cruz

Jesus previu sua morte várias vezes. Dissecou as etapas do seu martírio sucintamente, mas seus discípulos pensaram que a crucificação era uma ficção, uma retórica. Não compreenderam as suas palavras, pois estavam seduzidos pelo seu poder. Somente no momento da última refeição perceberam algo diferente no ar. Jesus nunca se apresentara tão triste. Foi então que João reclinou a cabeça sobre seu peito, e Pedro prometeu que morreria com ele.

Mas a hora chegou e o medo assaltou-lhes a alma. Jesus foi preso. Não era ainda meia-noite, e foi a noite mais longa e perturbadora que tiveram. O mundo ficou pequeno para tanto medo e tantas perguntas.

Provavelmente pensavam que o mestre se livraria, pois afinal ele havia escapado de maiores apuros, chegando até a dominar tempestades. Não faziam ideia de que, no mesmo momento em que se tranquilizavam pensando em seu poder, o rosto de Jesus estava sangrando. Não sabiam que, ao mesmo tempo que relembravam seus grandes feitos, o corpo de Jesus se cobria de hematomas. Pedro deve ter chegado no meio da noite. Contou para os outros que o tinha negado. E, o que é pior, relatou que Jesus estava sendo espancado. Eles se entreolharam, mudos. Foi uma noite de terror.

Logo que a aurora começou a banir a noite de Jerusalém trazendo os primeiros raios de sol, João saiu da casa. Animado pela coragem de Maria, a mãe de Jesus, e de outras Marias que o seguiam, foi ver de perto os acontecimentos. As mulheres se apoiaram na emoção; os discípulos, no pensamento. A emoção prevaleceu. Elas saíram e os demais discípulos, à exceção de João, ficaram.

Ao ver Jesus sair escoltado da Fortaleza Antônia, a casa de Pilatos, mutilado e quase irreconhecível, João deve ter caído em lágrimas. Suas pernas bambearam, seu coração desfaleceu. O caminho até o calvário parecia interminável. Ao chegar ao local, presenciou uma cena chocante.

Os gritos de dor dos crucificados misturavam-se com as lágrimas e o espanto da plateia. Raramente houve uma tal multidão para assistir à morte de um condenado. Pouco tempo antes, João reclinara sua cabeça sobre o peito de Jesus e agradecera por ele ter ajudado todos os miseráveis e oprimidos, dentre os quais ele mesmo. Agora, Jesus era o mais miserável dos homens, mas ninguém podia ajudá-lo. Que contraste!

Como vimos em *O Mestre do Amor*, na plateia havia milhares de pessoas que Jesus havia ajudado e saciado. Tirar-lhes Jesus era arrancar-lhes o coração. João ouviu os gemidos de dor de Jesus. Contemplou sua musculatura estremecendo. Observou-o clamando por ar e entrou em desespero. Para seu espanto, Jesus o chamou e, numa tentativa de consolá-lo, pediu-lhe para tomar Maria como sua mãe e cuidar dela. Falar cravado numa cruz expande a musculatura do tórax e aumenta a dor. Talvez João tivesse vontade de dizer "Por favor, não fale. Não sofra mais. Esqueça-me". Que homem é esse que coloca as pessoas em primeiro plano, mesmo quando está em último lugar? Que amor é esse que se esquece da própria dor para consolar os outros?

As reações de Jesus na cruz mudariam João para sempre. Ele não seria mais o mesmo depois de ver Jesus morrer como um dócil cordeiro que optou pelo silêncio enquanto todas as suas células gritavam por misericórdia. Foram seis horas inesquecíveis de um Mestre Inesquecível.

Inteligência espiritual: o resgate da esperança

No passado, eu pensava que procurar Deus era uma perda de tempo, um sinal de fragilidade intelectual. Hoje, penso completamente diferente. Percebo que há um conflito existencial dentro de cada ser humano, seja ele um religioso ou um ateu cético, um intelectual ou um analfabeto.

A psiquiatria trata dos transtornos psíquicos com antidepressivos e tranquilizantes, e a psicologia, com técnicas terapêuticas. Mas essas ciências não resolvem o vazio existencial, não dão respostas aos mistérios da vida. Quem somos? Para onde vamos? Qual é o verdadeiro significado da existência? O mais elevado conhecimento científico da física, química, biologia e das ciências humanas ainda se encontra na idade da pedra para responder a essas questões.

Descobrimos cada vez mais o mundo exterior, mas a vida humana continua um mistério. Por isso, desenvolver inteligência espiritual não é sinal de pequenez, mas de grandeza espiritual e intelectual. É impossível destruir a procura íntima por Deus no ser humano, pois ela ultrapassa qualquer cultura.

A mesma sede que um indígena tem de saber o que está por trás da solidão de um túmulo habita a alma de um cientista de Harvard. O mesmo anseio que repousa na emoção de um religioso pela superação do caos da morte repousou na alma de Marx e Freud. O socialismo tentou de todas as formas destruir a fé dos povos. Hoje, na Rússia e nas demais sociedades que viveram mais de meio século sob o regime socialista, há uma explosão de fé.

Recentemente li uma entrevista de Gorbatchev em que ele dizia: "Deus criou o mundo e não quis governá-lo, por isso passou esta tarefa para os homens, mas os homens querem governá-lo sozinhos." O homem que sepultou a Guerra Fria, que cresceu aos pés do comunismo, crê em Deus.

O que é inteligência espiritual? É a inteligência que deriva do conceito consciente ou inconsciente de que "a vida humana é uma grande pergunta em busca de uma grande resposta". É a inteligência que procura o sentido da vida, mesmo quando a pessoa afirma que não crê.

Inteligência espiritual é a procura por Deus, independentemente de uma religião, no recôndito do nosso ser, para desfazer os nós do novelo da vida. É a busca por respostas existenciais que a ciência nunca respondeu. É o desejo irrefreável pela continuação do espetáculo da vida quando se fecham os olhos da existência. É a inteligência que nasce no espírito humano e constrói no teatro da alma a esperança dos filhos de reencontrarem os pais que partiram, dos pais reverem os filhos que cedo se despediram da vida e dos amigos voltarem a se abraçar como nos velhos tempos.

O radicalismo e a intolerância religiosa não fazem parte da inteligência espiritual. O desenvolvimento da inteligência espiritual promove exteriormente a solidariedade, a fraternidade, o respeito pelos direitos humanos, e interiormente a estabilidade da emoção, o alívio da ansiedade e a expansão da arte de pensar. Portanto, procurar Deus, desejar conhecê-lo e amá-lo é um ato inteligentíssimo.

A prisão de Jesus e sua crucificação sufocaram a inteligência espiritual das pessoas. Os dias que se seguiram à sua morte são dificílimos de descrever. Os dois primeiros dias foram tempos de amargura. Judas estava morto, Pedro, confuso, e os demais discípulos, deprimidos.

Jerusalém entristeceu-se. A multidão de visitantes que se apinhava para ver o mestre foi se diluindo e retomando o caminho de volta para suas cidades. Sua esperança tinha sido roubada.

Um ser humano pode enfrentar milhões de problemas e sobreviver, mas não sobrevive quando perde a esperança. Resgatá-la é oxigenar a vida. Como reacender a esperança desse povo sofrido? O Mestre da Vida disse, certa vez, que, se o grão de trigo não morre, ele não dá frutos, mas, se morrer, frutifica abundantemente. Foi o que aconteceu. A trágica morte de Jesus trouxe uma angústia indecifrável, mas os dias que se seguiram trouxeram um júbilo incontido.

Um poeta do amor: escritos que exalam sensibilidade

João permaneceu em Jerusalém com os demais discípulos. Era um lugar perigoso, seria melhor retornar à Galileia. Mas eles ficaram divulgando as boas-novas, a superação da morte de Cristo e o seu plano transcendental que incluía os mais belos sonhos a que um ser humano podia aspirar.

Os jovens galileus que pareciam tão despreparados começaram a revelar-se grandes mestres. As lições de Jesus começaram a mostrar resultados extraordinários. Eles foram se tornando eloquentes oradores. Os discursos vibrantes contagiavam milhares de pessoas. Resolveram as disputas internas, trabalharam em equipe e conseguiram amar os outros mais do que a si mesmos. Cuidaram das necessidades materiais, psíquicas e espirituais de pessoas que não conheciam. A vida de muitos ganhou alento. A esperança havia voltado.

A alegria era tão intensa entre eles que tomavam suas refeições de casa em casa. Cada um se preocupava com as dores e necessidades do outro. Pessoas que antes mal se cumprimentavam nas ruas passaram a ser chamadas carinhosamente de "irmãos". As barreiras culturais e sociais foram rompidas.

João estava lá, pescando homens para Deus, mostrando que a vida humana tinha um significado maior do que comprar, vender e possuir status social. Todos se admiravam com a sua sabedoria e com a dos demais amigos. Jerusalém virou uma festa. Mas os homens do sinédrio não toleraram o movimento, e as turbulências começaram.

Perseguições e prisões começaram a ocorrer. As reuniões foram dizimadas. Alguns morreram. João recebeu um duro golpe. Tiago, seu irmão, foi martirizado. Mas João não desistiu. Os espinhos não conseguiram sufocar o seu amor pelo Mestre dos Mestres. Ele entendeu que os melhores tesouros se escondiam nos lugares mais inóspitos. Vivenciou as palavras de Jesus e se converteu num grande caçador de pérolas. Vendeu tudo o que tinha para conquistar a maior delas.

O tempo passou e as tribulações afastaram João de Jerusalém. Em muitos lugares por onde circulou, ele deu força aos abatidos, ânimo aos prostrados. Vendia autoestima, lembrava que ninguém era indigno para Deus. A sociedade poderia descartá-los, mas Jesus não descartara sequer seus torturadores. Perdoou-os enquanto seu coração claudicava na cruz.

João escreveu um evangelho, três cartas e o livro do Apocalipse. Seus escritos exalam a mais bela afetividade. Mesmo no livro do Apocalipse é possível perceber, entre guerras e julgamentos, o mais excelente perfume da emoção. Nesse enigmático livro, Jesus é citado mais de 20 vezes não como um general ou juiz, mas como o cordeiro de Deus. João nunca esqueceu das seis dramáticas horas da crucificação. Jesus cometera um sacrifício de amor pela humanidade.

O simbolismo do cordeiro revela uma brandura inesquecível. João terminou o livro do Apocalipse falando sobre o trono de Deus e o cordeiro. Desse trono não saía condenação, crítica, denúncia de problemas, mas um rio brilhante como cristal, o rio da água da vida. Um rio que sacia a emoção humana, tranquiliza os pensamentos, irriga com sabedoria a inteligência e torna os seres humanos felizes e serenos.

João estava idoso quando resolveu escrever os textos que hoje temos em mãos. Devia sentir o peso da idade e das perseguições que sofrera. Era de se esperar que sua memória estivesse cansada, que tivesse perdido os detalhes dos primeiros anos de caminhada com Jesus, pois já se havia passado cerca de meio século da morte de seu mestre.

Mas, para nossa surpresa, João descreveu no seu evangelho um Jesus vivo, fascinante, detalhista, vibrante, cujo falar produzia encantamento. Quase a metade do seu evangelho foi escrita baseada nos fatos e eventos dos últimos dias que antecederam a crucificação. As palavras do seu mestre ainda queimavam no seu espírito e alma.

As suas cartas também revelam um frescor de quem preservou a primavera dentro de si. João iniciou a sua primeira carta fazendo uma descrição sensorial da sua relação com Jesus. Descreveu que suas mãos apalparam, seus olhos viram e contemplaram a pessoa mais fascinante que viveu nesta terra. Era como se na véspera ele tivesse andado com seu mestre e aprendido as mais belas lições de vida.

As sementes plantadas no solo do seu ser floresceram e frutificaram. Por ser um homem que enfrentara muitas batalhas, João podia querer descansar, mas discorrer sobre o Mestre da Vida ainda despertava sua paixão. O motivo pelo qual escrevia, segundo o próprio João, era para que os seus leitores tivessem uma alegria completa (*João 17:13*).

A relação de João com seus leitores era estreita e sem barreiras. Ele os chamou carinhosamente de "filhinhos". Seu tratamento afetivo indica uma pessoa que tinha prazer de viver, apesar dos percalços da vida. Na juventude, ele era radical e impulsivo; agora, emanava amor e compreensão.

João discursou contra o sistema social, chamado por ele de "mundo". Falou que esse sistema controla os pensamentos e as emoções das pessoas, escravizando-as, gerando soberba, orgulho e comportamento fútil. Era necessário viver dentro do mundo, mas ser livres por dentro.

João encorajou os cristãos a romperem as amarras do egoísmo irracional e aprenderem a se doar uns para os outros, como Jesus se doara. Disse que quem fecha os olhos do coração para os que sofrem e passam necessidades não tem o amor de Deus. O amor sobre o qual discorreu não era teórico. Era um amor que não impunha condições nem esperava retorno, mas que se entregava espontaneamente.

Para João, quem não ama não conhece Deus. Uma pessoa

pode ter cultura teológica e aparente espiritualidade, mas, se não amar, sua vida é teatral e vazia. Para ele, o verdadeiro amor rompe o cárcere do medo. Que tipo de medo? O medo do amanhã, do desconhecido, de ser criticado, de ser incompreendido, de empobrecer, de contrair doenças, de morrer, de ser punido por Deus.

O medo rouba a tranquilidade, enquanto o verdadeiro amor apazigua e produz paz. João foi um homem que conheceu a paz interior. Um ser humano sem paz pode ganhar o mundo inteiro, mas permanece inconquistável dentro de si mesmo, atormentado no íntimo do seu ser.

Ele termina a sua última carta pedindo que seus leitores saúdem os amigos nome por nome. O sucesso não invadiu sua cabeça. Para ele, a história que existe atrás do nome de cada pessoa é mais importante do que os aplausos das multidões. João viveu as pegadas de Jesus, que, mesmo assediado pelas multidões, gastava tempo com as pessoas mais simples.

Décadas antes, o jovem João deixara os barcos e as redes para seguir um vendedor de sonhos, sem imaginar que aquele homem fosse um excelente escultor da emoção. No começo parecia impossível transformar esse discípulo, pois seu individualismo, agressividade e intolerância estavam muito cristalizados. Mas o escultor da emoção começou a trabalhar lenta e consistentemente. O resultado? João se transformou num poeta do amor.

CAPÍTULO 10

Paulo: a mais fantástica reedição das matrizes da personalidade

A face sombria da personalidade de Paulo

Paulo foi o maior perseguidor dos cristãos, mas, quando se tornou um seguidor de Jesus Cristo, foi o discípulo que pagou o preço mais alto para divulgá-lo. A liderança judaica o odiava. Quando ela estava prestes a matá-lo, ele foi protegido pelos romanos e aprisionado. Os judeus apresentaram queixas contra ele a Félix, o governador da Judeia. Acusaram-no de promover revoltas entre os judeus esparsos em todo o mundo. Era o principal agitador da seita dos nazarenos (*Atos 24:5*).

Querendo assegurar o apoio dos judeus, Félix manteve Paulo encarcerado. Dois anos se passaram até Félix ser substituído pelo governador Festo. Logo que Festo subiu de Cesareia para Jerusalém, os judeus, ainda enfurecidos, novamente apresentaram queixa contra Paulo, que não deixara de trabalhar na prisão. Precisavam contê-lo para que o nome de Jesus fosse apagado da terra. Após as acusações, Paulo se valeu de sua cidadania romana para apelar a César (*Atos 25:11*), pois sabia que não teria chance alguma se ficasse em Israel. Poderia ser alvo de uma emboscada e morrer.

Passados alguns dias, o rei Agripa foi visitar e saudar Festo. Como o caso de Paulo tinha grande repercussão popular e era muito delicado, Festo o expôs ao rei. Agripa interessou-se em ouvi-lo. O movimento em torno de Jesus de Nazaré já havia chegado aos seus ouvidos, por isso desejava conhecer as ideias do seu ilustre divulgador.

A oratória de Paulo era fascinante. Talvez não convencesse seus opositores, mas suas palavras os perturbavam. Sua honestidade era cristalina. Para defender a causa de Jesus, Paulo fez, perante o rei Agripa, a mais eloquente descrição das características doentias da própria personalidade antes de se tornar seguidor do Mestre dos Mestres (*Atos 26:10*). Nunca alguém teve tanta coragem de mostrar sua loucura passada para revelar sua sanidade atual.

Ele talvez sentisse um aperto no coração enquanto falava, mas não se poupou. De todos os seus escritos, essa passagem é a que melhor retrata sua agressividade e insensibilidade antes da conversão.

Paulo descreveu cinco importantes características para definir sua desumanidade:

1. Encerrou cristãos nas prisões. As lágrimas de homens e mulheres encarcerados não o comoviam. Os gritos incessantes pedindo clemência não o perturbavam.
2. Múltiplos assassinatos. Ele não apenas consentiu na morte de Estêvão (*Atos 8:1*), mas de muitos outros cristãos. Quando os judeus se reuniam em conselho para ver o fim que alguns cristãos levariam, Paulo dava o seu voto para que fossem mortos. Embora em menor proporção, ele promovia uma limpeza cultural, semelhante à que o nazismo fez com os judeus.
3. Perseguição incansável e irracional. Paulo disse ao rei Agripa que não se contentava em prender os cristãos ape-

nas em Jerusalém. Sua fúria era tão dramática e ilógica que ele os perseguia de cidade em cidade e até em locais distantes de Israel, como Damasco, na Síria. Não se importava em ter que cavalgar mais de 200 quilômetros desconfortavelmente, pois o que importava era eliminar os seguidores de Jesus.
4. Castigava-os publicamente em todas as sinagogas, espancando-os publicamente como exemplo para abortar o ânimo de novos adeptos. Os sofrimentos dos cristãos se tornaram um espetáculo de terror.
5. Infligia sofrimentos a ponto de alguns blasfemarem. Paulo, aqui, desceu ao último degrau da violação dos direitos humanos. Ele torturava física e psicologicamente os indefesos cristãos, pressionando-os para blasfemarem contra quem amavam. Violentou a consciência dessas pessoas produzindo transtornos emocionais irreparáveis.

Eu gostaria de poupar Paulo e dizer que ele não foi tão agressivo. Mas é impossível fazer isso, porque ele mesmo não se poupa. Mas aprendeu com Jesus a não ter medo do seu passado, aprendeu a arte da honestidade. Pedro, do mesmo modo, aprendeu a grandeza dessa arte. Esses homens mudaram a face do mundo, os seus feitos atravessaram gerações e influenciaram bilhões de pessoas. O Novo Testamento descreve não apenas seus grandes sucessos, mas seus mais eloquentes erros e fracassos. O que Paulo diz perante o tribunal romano sobre seu próprio comportamento antes de encontrar Jesus Cristo nos faz vê-lo como um dos homens mais violentos da nossa história. Nenhum outro discípulo teve, no seu currículo emocional, a fúria e a tortura. Sua desumanidade supera a de Judas Iscariotes, a de Pedro e a dos demais seguidores de Jesus.

O mais culto dos discípulos foi o mais destruidor. Isso indica que a inteligência lógica, caracterizada pelo acúmulo de informações, não é suficiente para produzir as funções mais importantes da personalidade, como a capacidade de se colocar no lugar dos outros, a tolerância, a afetividade, o gerenciamento dos pensamentos.

A dor, as lágrimas e o sangue dos cristãos que Paulo feriu jamais foram apagados da sua memória e geraram cicatrizes inesquecíveis. Em muitas das suas cartas ele trata desse assunto. Quando diz que era o menor de todos os discípulos na sua carta aos efésios, não estava sendo humilde, mas sincero. Ele realmente se considerava o último dos seguidores do Mestre dos Mestres, o mais devedor de todos.

O amor que ele sentia por Jesus e a crença em seu sacrifício o libertaram do sentimento de culpa, mas jamais apagaram o seu passado. Nunca é demais repetir: o passado não se deleta, se reescreve. Temos de conviver com nosso passado, ainda que ele tenha sido um deserto. O desafio é irrigar esse deserto, tratar da sua acidez e aridez e transformá-lo num jardim, como Paulo fez. O que jamais devemos fazer é nos isolarmos e ruminarmos a culpa, como Judas fez.

No caminho para Damasco

A conversão de Paulo, transformando-o em seguidor de Jesus, tem fatos que transcendem a investigação deste livro. No mesmo discurso em que descreve para o rei Agripa as atrocidades que cometeu, ele fala sobre a mudança em sua vida. Enquanto caminhava para Damasco para dizimar os cristãos, uma forte luz o envolveu. Ele caiu do cavalo, atônito. Então, ouviu uma voz que indagava por que ele o perseguia. Espantado, ele disse: *"Quem és, Senhor?"* A voz disse: *"Eu sou Jesus, a quem tu persegues"* (Atos 26:15).

O mundo desabou sobre Paulo. Seus pensamentos o atordoaram. Sua crise ansiosa foi tão volumosa que gerou alguns sintomas psicossomáticos: ficou cego, perdeu o apetite, teve uma anorexia reacional. A voz prosseguiu. Entre outras coisas, disse a

Paulo que o enviaria para testemunhar uma infinidade de coisas que ele viria a enxergar. Teria uma grande missão: converter as pessoas das trevas para a luz.

Os fatos que norteiam a mudança de Paulo ultrapassam a pesquisa psicológica. Entram na esfera da fé. Apenas ressalto que Paulo não teve uma alucinação auditiva, pois não era um psicótico. Embora suas atitudes fossem violentas, ele sabia o que queria, tinha metas e direção intelectual. Se fosse uma alucinação, deveria tê-lo estimulado a ter mais força para dizimar os cristãos, e não amá-los e ser altruísta.

Paulo passou a questionar as próprias verdades, a criticar sua agressividade, repensar seus preconceitos. Ainda que incompreensível, toda experiência que estimula a arte de pensar não pode ser considerada um delírio, mas um fenômeno inteligente.

Paulo conhecia profundamente as Antigas Escrituras. Imaginava que Jesus de Nazaré fosse o maior de todos os hereges do mundo. Tudo o que se falava sobre ele deveria ser abolido. Depois de passar pela experiência no caminho de Damasco, Paulo começou a refletir sobre sua vida e sobre suas crenças. Foi uma revolução interior.

Recolheu-se na sua cidade natal por um bom período. Milhares de pensamentos o perturbavam. Começou a penetrar em seu mundo interior e a perceber a irracionalidade da sua agressividade. Ao mesmo tempo, como estudioso das Antigas Escrituras, procurou ansiosamente respostas que pudessem resolver o quebra-cabeça na sua mente.

Para ele, o Messias não poderia ser um homem humilde, um simples carpinteiro que recusara o trono político. Não poderia ser alguém que tinha abraçado leprosos, fizera discursos sobre o amor e a tolerância. Agora sentia a necessidade de repensar seus preconceitos.

Paulo refletiu dias e meses; por fim, encontrou suas respostas. Viu claramente que o Messias comentado nos textos sagrados dos judeus correspondia ao Jesus que ele odiava. Ao resolver o quebra-cabeça, viu-se diante de um dramático problema. O que fazer com as pessoas que torturara? Como reparar o erro cometido contra os inofensivos cristãos que espancara publicamente? Como aliviar sua consciência dos gritos das mães e pais separados dos seus filhos?

Paulo, certamente, chorou muito. Passou noites em claro. Entrou em desespero, viveu angústias e teve crises depressivas enquanto refletia. Na carta aos coríntios, disse que não era digno de ser chamado de apóstolo, pois jamais se esquecera das perseguições que deflagrara contra os cristãos. Estava sendo sincero. A sua consciência era um espinho em sua alma.

O mundo de Paulo foi virado de cabeça para baixo. Raramente um ser humano teve de repensar tanto a própria vida. Mas, pouco a pouco, encontrou consolo para viver. Enxergou uma fascinante luz na noite escura. De inimigo número um passou a ser um dos principais defensores da causa do Mestre da Vida.

A caminhada com Jesus

A caminhada de Paulo como discípulo foi cheia de entraves. Ele era um jovem fariseu promissor. Todos invejavam sua rígida ética e sua liderança. Quando se tornou cristão, o mundo desabou sobre sua segurança. Como elogiar para a liderança judaica aquele que ele sempre odiara? Como explicar uma mudança tão grande? Paulo teria de enfrentar o que parecia impossível.

Confessar ter passado a seguir um homem que morrera na cruz gerava os mais intensos debates. A cruz era escândalo para os judeus e loucura para os gregos. Hoje, a humanidade tem um apreço incondicional pelo Jesus crucificado. Na sua época, ser um seguidor desse Jesus era ser tachado de louco, de insano, de pertencer ao esgoto social.

Além de dar satisfações quase inexplicáveis ao mundo sobre a sua conversão ao cristianismo, Paulo tinha de trabalhar os transtornos psíquicos que teciam a sua alma. Havia uma paz íntima convivendo com muito entulho emocional e intelectual que precisava ser removido.

Ele não participou da escola viva de Jesus. Pelo fato de não ter andado com o Mestre dos Mestres, não vivenciou situações em que os arquivos doentios da periferia do seu inconsciente seriam expostos e reeditados. A arrogância, o individualismo, a dificuldade de liderar os pensamentos, a inveja, a intolerância e o medo apareceram nos demais discípulos ao longo da trajetória com Jesus e foram tratados. Não todas, mas boa parte das favelas da memória dos discípulos foi reurbanizada.

Como Paulo tratou das matrizes doentias da sua memória? Como reeditou sua agressividade e insensibilidade? Como trabalhou sua incapacidade de ouvir e de reagir sem pensar? Como reciclou seu caráter preconceituoso e autoritário? Paulo enfrentou centenas de situações dramáticas que fizeram vir à tona as mais ocultas fragilidades.

Na carta aos romanos, ele teve a coragem de dizer: "*Miserável homem que sou... Não faço o bem que prefiro, mas o mal que não quero, este faço...*" Paulo descobriu que não conseguia ser tão gentil, amável, puro, sereno, tranquilo e sensível como gostaria. Ele desejava incorporar as mais belas características de Jesus, mas sentia-se incapaz de vivenciá-las.

Nesse texto, ele discorre com fineza sobre um grande dilema da psicologia: o ser humano lidera o mundo exterior, mas não é um grande líder de si mesmo. Quem consegue gerenciar a ansiedade? Quem consegue controlar todos os pensamentos negativos? Em águas tranquilas nos mostramos excelentes timoneiros, mas em águas turbulentas perdemos o leme. Quantas vezes fomos coerentes em determinadas situações e insensatos em outras? Todos temos limites, mais cedo ou mais tarde nos surpreendemos com nossa fragilidade.

Paulo queria ter uma vida livre, muito diferente da anterior.

Desejava ser forte, seguro e estável. Antigamente, lutava para eliminar os cristãos, agora lutava dentro de si mesmo para ser livre. Chamar-se de miserável não significa que ele tenha descartado a autoestima, mas que tinha consciência das limitações do "eu" para ser diretor do roteiro do palco da sua mente.

Percebendo o drama dessa luta, ele, nessas mesmas cartas, dá um passo além. Mostrando um refinado conhecimento de psicologia, relata que a transformação da personalidade passa pela renovação da mente e encoraja seus leitores a experimentar tal renovação.

O que é renovar a mente? É reeditar o filme do consciente e do inconsciente, reescrever os arquivos da colcha de retalhos da nossa memória. Paulo sabia que, se não passasse por tal transformação, não haveria esperança, e toda mudança se tornaria efêmera, fugaz. Ele procurou a presença de Deus com desespero em seu próprio espírito, para que sua alma fosse transformada.

Paulo era um jovem preconceituoso. Para ele, Israel, seu povo, era o melhor da terra. Aquele que possuía a melhor religião, cultura e ética. Os demais povos eram considerados forasteiros, gentios, pagãos. Ele desejava dizimar os seguidores do nazareno porque queria purificar a sua religião.

Passando pelo vale dos sofrimentos

Quando Paulo abraçou a causa de Jesus Cristo, apaixonou-se pela humanidade. Aprendeu a sonhar. Odiou muito, mas amou muito mais. Sua mudança foi tão grande que pode ser comparada, nos dias de hoje, à atitude de um judeu radical que sempre revidou com violência os ataques terroristas dos palestinos e que agora os procura para beijá-los. Paulo amou livres e escravos, judeus e gregos, ricos e pobres.

Até que ponto Paulo se entregou aos povos? Inteiramente, vivenciando dramas incontáveis. Tinha todos os motivos para desistir, esquecer o projeto de Jesus, mas seu desejo de cumpri-lo era sólido.

Sentia-se fraco muitas vezes, mas tomou consciência de que o poder e a força se aperfeiçoam na fraqueza. Dessa forma, tornou-se um sábio. Foi uma das raras pessoas nesta terra que usou cada frustração, incompreensão, rejeição, ferida física e emocional para expor as mazelas da sua alma e reeditá-las. Para ele, todo sofrimento era inútil se não fosse usado para lapidar a personalidade.

O poder de Deus se aperfeiçoa na fragilidade humana. Esta era a bandeira com que Paulo enfrentava as tormentas da vida. Deus não era uma teoria distante, a milhares de anos-luz, mas o grande artesão da sua personalidade. Assim, o diamante bruto assumia formas de rara beleza. Por buscar a presença de Deus em momentos quase insuportáveis, ele escrevia uma nova história.

A psicologia não entende alguns ditames da inteligência espiritual. Mas é indiscutível que um dos grandes carrascos da história conquistou uma humanidade sublime. Sua gentileza, mansidão, solidariedade e capacidade de perdoar são poéticas. Provavelmente nenhum de nós foi tão hostil quanto Paulo, mas nenhum amou tanto como ele. Estamos longe da sua agressividade e mais longe ainda da sua capacidade de amar.

Na segunda carta aos coríntios, ele fala da grandeza das lições pelas quais passou e que expuseram as matrizes doentias da sua personalidade. Paulo, que perseguira implacavelmente todos os cristãos, acabou sendo perseguido e sofreu experiências dolorosas mais frequentes e intensas do que as que causou.

Ele fez três grandes viagens por terras longínquas para anunciar a mensagem de Jesus. Foi preso várias vezes. As prisões romanas eram depósitos humanos, ambientes lúgubres e úmidos. Mas ele não se abatia, achava uma dádiva sofrer pela causa de Jesus Cristo. Era de se esperar que entrasse em desespero, mas, contrariando toda lógica, Paulo cantava nas prisões.

Ele açoitara os cristãos nas sinagogas, mas seu corpo foi marcado pela violência dos açoites aplicados pelos judeus. Nada, porém, calava a voz de Paulo. Dificilmente alguém foi tão humilhado e ferido como esse apóstolo. Na Grécia, correu o risco de ser linchado. As pessoas gritavam nas ruas e batiam os pés pedindo sua morte. Mas a vida lhe era muito cara. Desejava aproveitar cada minuto para falar do Mestre do Amor. Foi ultrajado e considerado escória do mundo, mas jamais se calou. Ele não conviveu com Jesus, mas o amou até às últimas consequências.

Paulo foi uma vez apedrejado e dado como morto. Seu corpo ficou coberto de sangue e dilacerado. Quando se recuperou, talvez se lembrasse de Estêvão, apedrejado e morto com o seu consentimento. Ao invés de virar as costas para o vendedor de sonhos, ele recobrava as forças e continuava a sonhar.

Experimentou períodos de intensa angústia, ansiedade, desespero. Entretanto, a morte não o ameaçava. Era como se olhasse nos olhos de Deus e considerasse um prêmio cada novo dia.

Paulo sofreu três naufrágios. Passou uma noite e um dia na voragem do mar, provavelmente flutuando, agarrado a algum pedaço de madeira para não afundar. Quanta dor! Fazia tudo isso por causa do amor incontrolável que sentia pelas pessoas.

Enfrentou perigos de todos os tipos. Foi roubado por salteadores, odiado pelos judeus, rejeitado drasticamente pelos gentios. Em alguns momentos não tinha energia para continuar, era melhor abandonar tudo, mas não desistia dos sonhos de Jesus.

Ficou nu. Passou fome e sede. E, como se não bastassem todas as tempestades exteriores, vivenciava uma grande tormenta interior: a preocupação afetiva com todas as pessoas que acreditavam em Jesus. Raros personagens na história pagaram um preço tão grande por amar.

Uma declaração de amor

Apesar de ter passado por indescritíveis sofrimentos, Paulo viveu o auge da saúde psíquica. Tinha todos os motivos para ser uma pessoa deprimida, mal-humorada e ansiosa, mas era alegre e sereno. Embora tenha relatado todos os seus sofrimentos vexatórios e indignos nessa segunda carta aos coríntios, em sua primeira carta ele faz a mais bela apologia ao amor. Nesse texto, ele superou a sensibilidade dos poetas, a profundidade dos filósofos e a serenidade dos pensadores.

No capítulo 13 da primeira carta aos coríntios, ele afirma que o amor é o alicerce da vida. Uma pessoa pode falar todas as línguas, mas, se não tiver amor, é como um bronze que emite sons mas não tem vida. Uma pessoa pode conhecer todos os mistérios da ciência e da teologia, mas, se não tiver amor, todo seu conhecimento sobre Deus é vazio, não tem sentido de vida.

Revelando uma sobriedade impressionante, Paulo diz que o amor é paciente e benigno. O amor estabiliza a emoção, torna-a serena e tranquila. A ausência do amor por Deus, pela vida, pelas pessoas, pelo trabalho fomenta a ansiedade e o egoísmo. Paulo só conseguiu aprender o alfabeto da mansidão e da bondade depois que passou a amar.

O amor não arde em ciúmes, não se exalta, não age insensatamente, não procura seus interesses, não guarda mágoas. Paulo sempre fez da sua emoção um depósito de lixo. Os problemas o invadiam e perturbavam. Ele criava inimigos gratuitos. Era uma pessoa transtornada e conflituosa. Paz não fazia parte da sua história. Ele queria destruir os outros porque era autodestrutivo.

À medida que começou a transformar a mente e a desobstruir a emoção, foi abandonando cada vez mais o apego às próprias ideias, a necessidade de o mundo girar em torno das suas verdades. Quem não gosta de ser contrariado e se coloca acima dos outros é imaturo. O verdadeiro amor não se exalta, não é vítima do orgulho, não procura seus próprios interesses. O amor sólido não se alegra com a injustiça, não tem medo de sofrer, de se entregar, crê com facilidade e tem esperança sólida de que dias melhores virão.

Gostaria de escrever um livro um dia sobre todos os temas que Paulo descreveu. É um assunto inesgotável. O amor vence todos os transtornos emocionais. O amor supera todas as crises familiares. O amor torna ricos os miseráveis. Faz da vida uma aventura. O amor amplia o ângulo de visão dos problemas: os gigantes se tornam pequenos, e as montanhas, diminutas pedras.

Que homem é esse que faz recomendações no meio de tanta dor? Que homem diz que a vida é encantadora quando o mundo desaba sobre ele? O homem que, no passado, feriu e torturou foi capaz de um amor incompreensível pela humanidade.

As mudanças nas matrizes conscientes e inconscientes de sua memória indicam que Paulo não melhorou apenas seu caráter, mas tornou-se um novo homem. Sua mudança deixa assombrado qualquer pesquisador da psicologia. Ela representa uma das mais revolucionárias transformações da personalidade de um ser humano em toda a história. Representa um retumbante grito de esperança. Se Paulo mudou tanto, qualquer pessoa pode alimentar essa expectativa.

A vida que Paulo encontrou em Cristo libertou-o do caos e fê-lo viver intensamente, tornando cada momento uma experiência única, um soneto de amor. Ele demonstrou, em cada um dos vales emocionais que atravessou, que jamais devemos abrir mão da vida, mesmo com todas as perdas, decepções, desencontros, frustrações. Raramente a dor gerou tanta inspiração, produziu um viver tão vibrante. Paulo foi um homem feliz numa terra de infelizes.

CAPÍTULO 11

Uma carta de amor: o final da história dos discípulos

Onde está o amor?

O amor é descrito nos livros, proclamado nas poesias, cantado na música, filmado no cinema. Apesar de ser o fenômeno psicológico mais procurado da história, é o menos compreendido.

    Reis procuram o amor no poder, sem encontrá-lo. Famosos o buscam nos aplausos, mas muitos morrem solitários. Ricos tentam comprá-lo com sua fortuna, mas o dinheiro, se compra o mundo, não compra o sentido da vida. Poetas procuram encontrá-lo nos versos, mas muitos se despedem da vida sem poesia. Cientistas o colocam na prancheta das suas ideias, mas não conseguem entendê-lo.

    Para muitos, o amor não passa de uma miragem. Eles o procuram de forma errada nos lugares errados. Acham que ele se esconde nas grandes coisas, sem se darem conta de que ele sempre está presente nas coisas mais simples, diminutas, quase imperceptíveis. Está presente no sorriso das crianças, no beijo das mães, no consolo dos amigos, nas dádivas do Criador.

    Onde está o amor singelo, ingênuo e arrebatador que resgata

o sentido da vida e nos faz sorrir, mesmo quando temos motivos para chorar? Onde está o amor que nos faz acordar pela manhã e dizer que a vida é maravilhosa, apesar de todos os nossos problemas? Onde está o amor que nos faz ter esperança em alguém mesmo quando sofremos decepções? Onde está o amor que transforma o trabalho num oásis mesmo sob o calor da competição e das relações tensas? Onde está o amor que nos faz ver que a vida é uma janela para a eternidade mesmo quando estamos chorando a perda das pessoas que amamos?

O clima social da época de Jesus era o menos recomendado para se falar de amor. A miséria física e emocional, as pressões políticas e a discriminação floresciam na alma dos judeus. Havia espaço apenas para falar do ódio e da revolta contra o Império Romano. Falar de amor era um escândalo. Nesse clima, Jesus criou uma esfera de amor quase surreal. Homens com ambições, reações e personalidades distintas começaram a recitar poesias de amor.

O amor entre eles transcendia a sexualidade e os interesses. Os pobres tornaram-se ricos, os desprezados ganharam status de seres humanos, os deprimidos encontraram alegria e os ansiosos beberam da fonte da tranquilidade. Jesus não deixou qualquer marca, senha ou dogma religioso para identificar seus discípulos, somente o amor: *"Nisto conhecereis que vós sois meus discípulos, se amardes uns aos outros."* O verdadeiro discípulo não era o que errava menos, o mais ético ou mais puro, mas aquele que amava.

Uma pessoa podia fazer orações o dia inteiro, enaltecer Jesus e ser um pregador das suas palavras, mas, se não amasse, não era um discípulo, apenas um mero admirador. Jesus sabia que somente o amor seria capaz de aproximar pessoas de culturas, religiões, personalidades, pontos de vista, raças e nacionalidades distintos.

O amor destrói o individualismo, mas não a individualidade

Ao aprender a linguagem do amor, os discípulos perderam paulatinamente o individualismo, mas não a individualidade. Mantiveram a sua identidade, as suas características particulares, preferências, gostos, reações. Os discípulos continuavam com personalidades diferentes umas das outras. Mas qual era a personalidade preferida de Jesus? A sensível como a de João, a determinada como a de Pedro ou a perspicaz como a de Paulo?

Jesus não demonstrou qualquer preferência. O Mestre Inesquecível respeitava e apreciava as diferenças. Queria apenas saber se o amor irrigava ou não a personalidade deles. O amor corrige rotas, apazigua a emoção, traz lucidez ao pensamento, rompe a estrutura do egoísmo. O amor nos faz iguais, apesar de todas as diferenças.

O cristianismo está dividido em muitas religiões. Cada um segue a sua de acordo com a própria consciência, mas é raro perceber um amor ardente entre cristãos de religiões distintas. É raro encontrar expressões de afeto, reuniões sociais ou orações em comum entre aqueles que não comungam das mesmas ideias. Jesus jantava tanto na casa de um fariseu quanto na de um coletor de impostos. Valorizava os éticos e dava especial atenção aos imorais. Amava pessoas muito diferentes!

Onde está o amor nos dias atuais? As pessoas podem estar divididas em distintas religiões, mas é inaceitável que o amor esteja dividido, pois, se estiver, ele se dissolverá no calor das nossas diferenças. Quem não ama não tem sonhos, não se coloca no lugar dos outros, não sabe compreendê-los.

Muitos cristãos e membros de outras religiões rotulam de fracos aqueles que possuem transtornos emocionais. Ao invés de amá-los e compreendê-los, julgam e condenam. Cometem uma injustiça que só quem não ama é capaz de cometer. Não sabem que, na realidade, muitos pacientes deprimidos e portadores de outros transtornos psíquicos são as melhores pessoas da sociedade, ótimas para os outros, mas péssimas para si mesmas, pois não têm proteção emocional. É o medo da crítica e do preconceito que as faz calar sobre a própria dor.

O Mestre do Amor opôs-se completamente a esse tipo de preconceito. Na noite em que foi traído, ele, que atingira o auge da saúde psíquica, derramou lágrimas sem medo e não dissimulou sua dor. Ao permitir corajosamente que seus discípulos observassem sua dramática angústia e estresse, ele desejava que não apenas entendessem a dimensão do seu sacrifício, mas que pudessem amar, compreender e dialogar com os feridos na alma.

Mas onde está a poesia de amor proclamada por Paulo e que alivia os abatidos pela depressão e pela ansiedade? Onde estão os beijos de amor anunciados por Pedro que aliviam os frustrados e os desesperados? Onde está a saudação calorosa de João, que exalta todos, nome por nome, como amigos e é capaz de fazer com que os aflitos se sintam amados e queridos? Falar de Jesus Cristo sem amor é falar de um banquete sem alimento.

Hoje parece fácil para as pessoas dizerem que são cristãs, pois mais de dois bilhões o dizem. Dizer-se cristão dá até status social, pois o mundo valoriza os que se afirmam adeptos de Jesus Cristo. Mas, quando o status está em primeiro lugar, o amor pode estar em último.

O islamismo é uma religião que tem tradições cristãs e judaicas. Mas a maioria dos islamitas desconhece que Maomé exalta Jesus em prosa e verso no Alcorão, chamando-o de Sua Dignidade no livro sagrado dos muçulmanos. Entretanto, onde está o amor proclamado por Jesus entre os radicais do islamismo?

Os ataques terroristas que destroem vidas escrevem uma carta de ódio, e não de amor. É raro vermos cristãos amarem muçulmanos e muçulmanos amarem cristãos e judeus. O ódio e as mágoas têm prevalecido. O amor tornou-se delírio.

Não coloque condições para amar

Precisamos nos apaixonar pela espécie humana, como o Mestre da Vida. Devemos ficar fascinados com as reações de um mendigo, com as alucinações de um paciente psicótico, com as peraltices de uma criança, com as reflexões dos idosos. Cada ser humano é uma caixa de segredos. Cada ser humano merece o Oscar e o Prêmio Nobel pela vida misteriosa que pulsa dentro de si.

Ao analisar a personalidade de Jesus, mais uma vez me convenci de que a unanimidade é estúpida. A beleza reside em amar as diferenças, em não exigir que os outros sejam iguais a nós para que possamos amá-los. Jesus foi afetuoso com Judas no ato da traição e acolheu Pedro no ato da negação. Ele os amou, apesar das suas diferenças. Se amou pessoas que o decepcionaram tanto, foi para mostrar que não devemos exigir condições para amar.

O exemplo do mestre me levou a amar pessoas tão diferentes de mim! Pessoas que possuem pontos de vista diferentes do meu, que adotam práticas das quais não participo. Apesar de discordar das crenças e convicções das pessoas, você deve preservar seu amor por elas e respeitar sua lógica, inteligência, verdades, pontos de vista, e não simplesmente descartá-los.

Se Jesus perdoou seus carrascos quando todas as suas células morriam, quem somos nós para exigir, em nosso conforto egoísta, que pessoas que pensam diferentemente de nós mudem para que possamos amá-las? Não apenas os cristãos deveriam amar outros cristãos de religiões distintas, mas, se realmente viverem o que Jesus viveu, amarão com intensidade budistas, islamitas, bramanistas e ateus.

O modelo do Mestre da Vida é eloquente. Ele amava tanto as pessoas que jamais as pressionava a segui-lo. Não impunha suas ideias, mas apresentava-as com clareza e encanto, deixando que elas decidissem o caminho a tomar. Fez um belo convite, não deu uma ordem: "*Quem quiser vir após mim siga-me*", "*Quem tem sede venha a mim e beba*", "*Quem de mim se alimenta jamais terá fome*". O amor respeita o livre-arbítrio, a livre decisão.

Os que impõem condições para amar terão sempre um amor frágil. Nossa espécie viveu o flagelo das guerras e da escravidão porque ouviu falar do amor, mas pouco o conheceu. A única razão para amar é o amor.

Os pais que exigem que seus filhos mudem de atitude para elogiá-los, acolhê-los e serem afetivos com eles dificilmente os conquistarão. Os professores que exigem que seus alunos sejam serenos e tranquilos para educá-los não os prepararão para a vida. Os que exigem das pessoas próximas que deixem de ser complicadas, tímidas ou individualistas para envolvê-las e ajudá-las não contribuirão para o seu crescimento. O mundo está cheio de pessoas críticas. As sociedades precisam de pessoas que amem.

O amor vem primeiro, seguido dos resultados espontâneos. Exigimos muito porque amamos pouco. Jesus não impediu que Pedro o negasse e que Judas o traísse. Com sua inteligência extraordinária podia colocá-los contra a parede, pressioná-los, criticá-los, constrangê-los, mas não o fez. Deu plena liberdade para eles o deixarem. Jamais o amor foi tão sublime.

A abundância do amor transforma anônimos, paupérrimos e iletrados em príncipes, e a escassez do amor torna miseráveis reis, ricos e intelectuais. O amor compreende, perdoa, liberta, tolera, encoraja, anima, incentiva, espera, acredita.

Os sonhos morreram

Nossa ciência é lógica e linear. Ela nos conduz a explorar o mundo físico, mas é simplista para produzir seres humanos que explorem seu mundo emocional e se tornem autores da própria história. Estamos tão despreparados para a vida que não percebemos o quanto o sistema social nos entorpece. Nossa alma deixou de ser uma fonte de tranquilidade e se tornou um canteiro de ansiedades. Onde estão as pessoas cujas emoções são serenas como o orvalho da manhã?

Nós nos transformamos em máquinas de trabalhar e de resolver problemas. Se sobra tempo, cuidamos da nossa qualidade de vida. Alguns só mudam de atitude e procuram um sentido nobre para sua vida quando são assaltados por graves doenças ou quando perdem as pessoas que amam.

Felizmente, não vivemos num clima de guerra mundial. Mas vivemos uma guerra dentro de cada um de nós, uma guerra de pensamentos cada vez mais acelerados. Não estamos nos tempos da escravidão física, mas milhões de pessoas são escravas dos próprios pensamentos.

As pessoas mais responsáveis gastam energia vital do cérebro com preocupações e problemas que ainda não aconteceram, ou com fatos passados. Vivem fatigadas, agitadas, sem concentração, esquecidas. Detestam sua rotina. O palco de suas mentes não se aquieta. Vivem para pensar, ao invés de pensar para viver. Assim, destroem o encanto da vida.

Jesus procurava resolver constantemente a ansiedade dos seus discípulos. Contemplava as flores, gostava de fazer caminhadas de cidade em cidade. Tinha tempo para jantar na casa dos amigos. Era tão sociável que tinha a coragem de se convidar para uma refeição na casa de pessoas que não conhecia, como Zaqueu. Gostava de contar histórias. As pessoas se encantavam com suas parábolas.

Para Jesus, a vida era bela e simples, mas ele achava que nós a complicamos demais. Não queria que sofrêssemos por antecipação. Procurava demonstrar que o sistema em que vivemos, incluindo status, dinheiro, fama, ansiedades, era apenas uma brincadeira no tempo. Queria que soubéssemos que a vida é um fenômeno indecifrável. De fato, do ponto de vista científico, ninguém é maior do que ninguém. Diariamente entramos nos labirintos da memória e construímos cadeias de pensamentos sem conhecer onde estão arquivados os tijolos dos pensamentos. Intelectuais e iletrados, ricos e miseráveis talvez não percebam como são semelhantes na essência de sua inteligência.

Jesus tinha essa consciência. Era apaixonado pelo ser humano. Somente isso explica por que correu risco de morrer por causa de uma prostituta. Sua atitude nos deixa perplexos, ultrapassa os sonhos dos mais nobres humanistas. Os erros cometidos pelas pessoas poderiam entristecê-lo, mas ele ficava fascinado com o pequeno e infinito mundo da nossa personalidade.

Uma das coisas que mais desejo ensinar às minhas três filhas, e creio que estou conseguindo, é que por trás de cada ser humano há um mundo a ser descoberto. Cada ser humano, por mais defeitos que tenha, esconde uma rica história, escrita com lágrimas, sonhos, perdas, alegrias, paixões, desencantos. Descobri-la é garimpar ouro. Infelizes dos psiquiatras e médicos clínicos que tratam de doenças, e não de doentes. Há um mundo fascinante dentro de cada ser humano doente.

Jesus, ao contrário de nós, sentia prazer em penetrar no mundo das pessoas. Era de se esperar que sua mente, preocupada com milhões de problemas, fosse incapaz de dar uma atenção especial a cada um. Ele tinha até razões para isso, pois seu tempo era escasso. Mas, para nosso espanto, ele parava uma multidão inteira para dar atenção especial a um cego, a um mendigo ou às crianças. Os que viviam à sombra da sociedade sentiram-se como príncipes ao conhecê-lo.

Jamais a vida teve tanto valor. Os comportamentos do Mestre da Vida animaram as pessoas a procurar encanto pela existência no árido terreno de suas misérias sociais e psíquicas. Suas atitudes nos fizeram acreditar que vale a pena viver a vida, apesar de todas as nossas lágrimas e decepções.

Os discípulos ficaram contagiados por seus gestos. Deixaram seus barcos, futuro, expectativas, suas cidades e seguiram

Jesus. Aprenderam com ele a escrever, a cada momento, uma carta de amor.

Mas será que quando vieram as prisões e perseguições eles desistiram? Será que abandonaram o sonho do seu mestre quando atravessaram o caos? É surpreendente. Os discípulos amaram tanto Jesus que continuaram a escrever a carta de amor até fecharem os olhos para esta vida.

Eles morreram por causa dos seus sonhos. O sonho de dar a outra face, o sonho da felicidade inesgotável, o sonho do amor que lança fora todo o medo, o sonho da imortalidade, o sonho de que a vida é um espetáculo imperdível. Jamais momentos tão angustiantes mostraram tanta poesia.

Vejamos o que alguns historiadores* nos contam sobre os últimos momentos dos discípulos.

Os dados históricos foram organizados e interpretados.

O FIM DOS DISCÍPULOS: OS SONHOS QUE NUNCA MORRERAM

Tiago, Tomé e Bartolomeu: as lágrimas que nunca apagaram os sonhos

Tiago, o irmão de João, foi o primeiro dos 12 a ser julgado e condenado por ter seguido e amado o vendedor de sonhos. Tinha sido

---

* Allard, Paul. *Histoire des Persécutions*. Paris, 1903-1908.
Bettenson, Henry. *Documentos da Igreja Cristã*. São Paulo: ASTE, 1998.
Daniel-Rops. *A Igreja dos Apóstolos e dos Mártires*. São Paulo: Quadrante, 1988.
Foxe, John. *O Livro dos Mártires*. São Paulo: Mundo Cristão, 2003.
Kidd, B. J. *Documents Illustrative of the History of the Church* (1 até 313). Londres, 1920.
Stevenson, J. A. *A New Eusebius, Documents Illustrative of the History of the Church* (1 até 337). Londres, 1957.
Viller, Marcel. *La Spiritualité des Premiers Siècles Chrétiens*. Paris, 1930.

um jovem individualista e ambicioso; agora, sua ambição era poder aliviar a dor das pessoas e ajudá-las a encontrar a mais excelente fonte de amor.

Tiago se convertera num homem sólido, muito diferente do jovem frágil e inseguro dos tempos em que largou os barcos de seu pai. O fim da sua vida tem episódios surpreendentes. O responsável por levá-lo ao banco dos réus, vendo que ele seria condenado, ficou perturbado. Segundo o historiador Clemente, esse homem sentiu-se tão comovido em seu coração que, a caminho da execução, confessou, para espanto de todos, que também era cristão.

É provável que, pela primeira vez, um carrasco tenha abraçado um réu e resolvido morrer com ele. Durante o caminho, pediu a Tiago que o perdoasse. Tiago aprendera a perdoar, mesmo quando o mundo o decepcionava. Voltou-se para seu acusador e viu algo doce em seu olhar. Num gesto sublime, beijou-o, chamou-o de irmão e desejou-lhe a paz. Ambos foram decapitados em 36 d.C. Foi o primeiro discípulo de Jesus a se despedir da vida com uma serenidade cristalina.

Tomé era cético, inseguro. Confiava somente em seus instintos, naquilo que podia ver. Mas as sementes que Jesus semeou cresceram nele. Foi controlado pelo amor do mestre e o divulgou em terras distantes. Por meio de suas palavras, os sonhos de Jesus chegaram aos povos medos, partos, persas e outros. Muitos creram no reino de Deus, embora vivessem num reino humano injusto, onde muitos morriam à míngua e poucos tinham privilégios.

O fim de Tomé foi comovente. Padeceu numa cidade da Índia. Uma flechada tirou-lhe a vida. A vida escoava pela ferida, mas ele manteve viva a esperança. Deve ter se lembrado dos tempos inseguros em que só acreditaria em Jesus se visse em suas mãos a marca dos cravos (*João 20:25*). Agora, Tomé estava ferido. Mas a dor e o sangue que corria da ferida não destruíram seus sonhos. Tomé sonhava com a eternidade.

Diz-se que Bartolomeu, um discípulo que somente foi citado nos evangelhos, foi grande no anonimato. Ele anunciou as sublimes palavras do Mestre dos Mestres aos indianos. Traduziu o evangelho de Mateus para a língua deles, pois queria que todos se contagiassem com a justiça de Deus e com o amor e a inteligência de Jesus Cristo.

Sua ousadia custou-lhe caro. Homens insanos, que nunca entenderam o valor da vida, o abateram a bordoadas e depois o crucificaram na cidade da grande Armênia. Como se não bastasse essa dor incrível, em seguida foi esfolado e decapitado. A brutalidade da sua morte contrastava com o perfume da sensibilidade que exalava do seu interior. Bartolomeu fechou os olhos para sempre, mas seus sonhos continuaram vivos.

Felipe e André: uma coragem inabalável

Felipe, delicado e ousado, saiu divulgando a palavra do seu mestre nas cidades e vilarejos. Havia uma chama incontrolável que fluía do âmago do seu ser. Os sonhos de Jesus estavam longe de se concretizar fora dele, mas se tornaram reais no seu ser. Para Felipe, valia a pena viver, mesmo em face de intensas perseguições. Ajudar as pessoas e levá-las a encontrar o sentido da vida era mais importante do que receber todo o dinheiro do mundo. Trabalhou muito entre as nações bárbaras.

No fim, padeceu em Hierápolis, cidade da Frígia. Foi considerado um criminoso, um homem indigno de viver. Então, o crucificaram. Não bastassem a dor e o suplício da cruz, as pessoas lhe atiraram pedras até a morte. Provocaram traumas profundos num homem que amou a humanidade, que tratou as feridas da alma de muitos.

Felipe usava a energia de cada célula para falar de alguém que revolucionara a sua vida. Depois que se tornou um seguidor de Jesus, aprendeu que no mercado da vida o individualismo e o egoísmo sempre foram e são um artigo comum e barato. O amor, em contrapartida, sempre foi e continua sendo um artigo raro para homens especiais.

André, irmão de Pedro, também teve um fim trágico, mas encontrou poesia na dor. Jerônimo escreve sobre ele: "André pregou no ano 80 d.C. aos círios e sógdios, aos sacas, e numa cidade chamada Sebastópolis, agora habitada pelos etíopes. Foi crucificado por Egeias, o governador dos edessenos, e sepultado em Patras, a cidade da Acaia." A confissão e o martírio de André não poderiam ser mais altaneiros, segundo Bernardo e Cipriano.

André, como Jesus, não controlava as pessoas, apenas convidava-as a aderir ao seu sonho. Muitos aceitaram tal convite e aprenderam a amar ardentemente o Mestre da Vida. Para os egípcios, que não o conheciam, Jesus não passava de um judeu. Nada mais absurdo para eles do que amar e seguir um judeu.

O governador Egeias ficou irado com o movimento em torno de André. Egeias queria eliminar os cristãos, a seita que o Império Romano mandara abolir. Assim, com pleno consentimento do Senado, julgou digno matar os cristãos e oferecer sacrifícios aos seus deuses. André poderia ter recuado e se protegido, mas defendeu os inofensivos seguidores do Mestre da Vida. Preferiu ser condenado a se calar.

Enfrentando Egeias no julgamento, André disse-lhe que convinha a quem quisesse ser juiz dos homens conhecer o Juiz que habita nos céus e, depois disso, adorá-Lo. O governador, dominado pelo ódio, considerou sua atitude uma insolência. Mandou imediatamente amarrá-lo e crucificá-lo. Queria que a morte de André servisse de exemplo para que ninguém mais se tornasse cristão. Mas o melhor favor que se pode fazer a uma semente é sepultá-la.

Era de se esperar que André se intimidasse diante da morte, fosse dominado pelo medo e invadido por uma incontida ansiedade. Ele, como os demais discípulos, teve medo quando

Jesus, anos antes, fora preso no jardim da traição. Fugiu como uma ovelha diante do lobo. O tempo passou, e agora ele era um homem maduro e destemido. As sementes e os sonhos que o Mestre dos Mestres plantara no tecido da sua personalidade cresceram. Por isso, suas reações diante do fim da vida foram admiráveis. Relatos de historiadores revelam que ele não mudou seu semblante.

Bastava negar tudo em que acreditava para sair livre. Mostrando, porém, uma segurança inabalável, ele exclamou: "Ó cruz, extremamente bem-vinda e tão longamente esperada! De boa vontade e cheio de alegria eu venho a ti." A morte era uma janela para a eternidade, e André não se curvou diante dela.

Mostrando uma sólida estrutura emocional, ele completou seu pensamento dizendo que era um discípulo daquele que a cruz abraçara e que havia muito ele também desejava abraçá-la. Assim, foi crucificado. Expressou que valera a pena deixar o mar da Galileia e se tornar pescador de homens.

Marcos e Mateus: dois evangelistas que se despediram da vida com dignidade

Marcos, o evangelista, falou solenemente sobre as mensagens do Mestre da Vida no Egito. Nos papiros escreveu os detalhes da vida de Jesus, e no coração cravou as suas palavras. Muitos sob o calor das suas mensagens reacenderam o ânimo de viver. Descobriram que o homem Jesus, que crescera na Galileia, era um médico da alma que entendia das feridas dos abatidos e da angústia dos desesperados.

Alguns líderes do Egito não entenderam as delicadas mensagens de Marcos. Tomados de ódio, eles o amarraram impiedosamente e o arrastaram para a fogueira. O discípulo morreu injustamente, morreu porque inspirava os seres humanos a sonhar com o amor. Marcos foi queimado vivo e depois sepultado num lugar chamado "Bucolus". As labaredas causaram-lhe um sofrimento indescritível, transformaram em cinzas seu frágil corpo. Mas fogueira alguma jamais poderia debelar as chamas dos seus sonhos.

Marcos sofreu muito ao despedir-se da vida, mas enquanto viveu foi um homem completo e realizado. O que ele escreveu inflamou o coração de milhões de seres humanos em todas as gerações. Até hoje seus eloquentes escritos queimam como brasas vivas no espírito e na alma das pessoas, animando muitas a não desistir da vida, a encontrar esperança na dor.

Mateus, o evangelista, primeiro publicano transformado em apóstolo, escreveu um dos evangelhos. A crítica literária dos seus textos reconheceu nele grandeza intelectual e uma eloquência fascinante. Jesus já havia partido há mais de 20 anos, mas as suas palavras e parábolas ficaram alojadas na memória de Mateus. Escreveu seu evangelho em hebraico.

Mateus saiu de Jerusalém por causa das perseguições. Foi para a Etiópia e o Egito e contagiou os povos dessas nações com os sonhos do seu mestre. Recebeu por isso um pagamento cruel. Hircano, o rei, mandou traspassá-lo com uma lança. O ferimento causado pela lâmina esgotou sua vida, mas não seu amor por Jesus. Sua alma se alimentava de esperança. A esperança da imortalidade motivou cada minuto de sua vida.

Ele escreveu em seu evangelho: "*Bem-aventurados os mansos, porque herdarão a terra.*" Contrariando a história, em que foi sempre dominada pela violência, Mateus aprendeu com o Mestre da Vida que a terra se conquista com mansidão, paciência, sensibilidade. Por isso, perdoou os inimigos, foi tolerante com os carrascos e paciente com os incautos. Mateus fechou os olhos sonhando em herdar uma nova terra onde habita a justiça, onde não há dor, ódio ou lágrimas.

João: o amor como fonte inesgotável de rejuvenescimento

João, como muitos outros, foi perseguido diversas vezes durante a vida. Nos tempos de Nero, os inofensivos cristãos eram torturados sem piedade. Mulheres, homens e até crianças serviram de pasto para as feras e de diversão para saciar a emoção insana e doente da cúpula romana. Vespasiano, o construtor do Coliseu, sucedeu Nero. No seu reinado, os cristãos tiveram algum descanso. Tito, seu filho, reinou por pouco tempo. Em seguida, Domiciano, seu irmão, subiu ao trono.

No começo, Domiciano agiu de forma moderada. Posteriormente, embriagou-se de tal forma com o poder que fechou as janelas da memória e obstruiu a capacidade de pensar com lucidez. Domiciano queria ser adorado como um deus. Sua obsessão era tamanha que mandou erigir imagens de ouro e prata no Capitólio romano.

Jesus, o filho de Deus, foi tão desprendido do poder que se prostrou aos pés de seus discípulos homens e os lavou. Domiciano, um simples mortal, queria que os homens se prostrassem aos seus pés. Que contraste! Somente as pessoas pequenas anseiam ser maiores que as demais. Somente as pessoas inseguras do próprio valor controlam as outras e querem que elas gravitem em torno da sua órbita.

Os fracos controlam, os fortes libertam. Jesus nunca despersonalizou seus seguidores. Ao contrário, sempre fortaleceu a capacidade deles de decidir. Segui-lo era um convite para ser livre no único lugar onde jamais deveríamos ser presos, dentro de nós mesmos. Infelizmente, nos dias atuais, as pessoas não são tão livres quanto em outras gerações porque vivem encarceradas dentro de si mesmas pelos pensamentos negativos, preocupações, medo do amanhã.

Domiciano não podia admitir que no seu império um judeu nazareno pudesse ser mais admirado do que ele. Por isso, perseguiu implacavelmente os cristãos. João foi exilado na ilha de Patmos. Não respeitaram sua idade avançada. Era um idoso dócil que apenas ateava nos outros o fogo do amor pela vida. Mais tarde, os romanos não suportaram o jugo do imperador que tomava ares de imortal. Domiciano foi assassinado, e João foi posto em liberdade no ano de 97 d.C. Foi para Éfeso e permaneceu ali até o reinado do imperador Trajano.

Apesar de idoso, João conservava plenamente sua motivação. Escreveu cartas vibrantes. Para ele, todos os que seguiam Jesus, jovens ou velhos, eram tratados como filhinhos. Ele amou ardentemente.

O amor o tornara um homem livre, mesmo quando estava encarcerado. Na atualidade, muitos são livres, mas vivem aprisionados no território da emoção. Muitos têm motivos para sorrir, mas são infelizes, não encontram uma razão sólida para viver. João teve todos os motivos para ser deprimido e ansioso, mas o amor rompeu os grilhões do medo e da angústia e fez da sua vida uma grande aventura. Quem não ama, envelhece precocemente no corpo e na emoção. Torna-se insatisfeito, um especialista em reclamar.

Mais de 60 anos haviam se passado desde a morte de Jesus Cristo. Era tempo suficiente para apagar a memória e o entusiasmo de João. Mas o amor que sentia pelo Mestre da Vida era uma fonte misteriosa de rejuvenescimento. Sua vida se tornou um canteiro de sonhos, mesmo tendo passado pelo pesadelo da solidão e das perseguições.

Pedro

Pedro aprendeu a valorizar mais as pessoas do que a si mesmo. Errou muito e amou mais ainda. A tolerância irrigava a sua alma. Presenciou algumas dissensões entre os discípulos, mas aprendeu a agir com amabilidade e inteligência. Os confrontos entre os discípulos relatados no livro dos Atos e nas cartas aos coríntios e aos gálatas têm grande significado para a pesquisa psicológica. Indicam que eles eram normais e não sobrenaturais, que aprenderam a dialogar e a superar com sabedoria as suas dificuldades.

Na carta aos gálatas, Paulo comenta que ele e Pedro tiveram um desentendimento. Mas os dois se amavam. Aprenderam com Jesus que a grandeza de um ser humano está na sua capacidade de se fazer pequeno, de ouvir sem medo e preconceito o que está no secreto dos outros.

No final da sua vida, Pedro mostrou, em uma das suas cartas, uma afetividade impressionante para com Paulo, revelando que nenhuma cicatriz ficara de seus atritos. Ele o chama de amado irmão Paulo, evidenciando uma habilidade de superação de divergências rara nos dias atuais. Nada é tão carinhoso e terno como essa expressão.

Pedro saiu de Jerusalém e foi exalando por onde passava o perfume do Mestre do Amor. Tornou-se líder em perdoar. Por fim, também foi condenado. Alguns relatos dizem que ele foi crucificado em Roma. Hegessipo relata que o imperador Nero procurava fatos para condenar Pedro. Sabendo disso, alguns cristãos pediram insistentemente que Pedro fugisse.

Ele cedeu. Mas ao chegar aos portões da cidade sentiu algo queimando no seu interior. Lembrou-se de seu mestre, que havia enfrentado as aflições e o caos em silêncio e com a maior dignidade. Então, contrariando todos, retornou. O historiador Jerônimo escreveu que ele foi crucificado. Foi condenado como vil criminoso. Pedro cometeu o crime de amar, perdoar, tolerar e se preocupar com os outros.

Ao ser crucificado, a tradição conta que ele não se achou digno de morrer do mesmo modo que Jesus. Para surpresa de todos, Pedro pediu para ser crucificado de cabeça para baixo. É provável que no momento da crucificação Pedro tenha olhado para dentro de si e encontrado os olhos sublimes de Jesus acolhendo-o, como o fizera no pátio do sinédrio. Agora, ele não tinha vergonha de si, pois não o estava negando, mas dizendo ao mundo inteiro que amava Jesus Cristo. O medo se dissipou, o amor prevaleceu.

Enquanto morria, Pedro sonhava o maior dos sonhos, sonhava que ele e o Mestre da Vida nunca mais se separariam.

Paulo

Paulo tornou-se muito famoso em Roma. Sua eloquência era imbatível. Quem passava por ele tinha grande chance de mudar para sempre as rotas da própria vida. No passado, ele tinha querido apagar o incêndio produzido por Jesus na alma dos homens. Agora, era o maior incendiário.

Usou toda a sua inteligência para divulgar a grandeza oculta no carpinteiro de Nazaré, para mostrar que Jesus tinha vencido o caos da cruz e que sua morte tornara-se uma janela para a eternidade.

Paulo foi tachado de louco, tal como outrora ele chamara de loucos os que seguiam Jesus. Foi mutilado e torturado várias vezes, teve raros momentos de descanso. Tinha todos os motivos para calar-se e deixar de propalar os sonhos de Jesus, mas ninguém conseguia silenciá-lo, nem os riscos constantes de morte.

Seus cabelos embranqueceram, sua pele ficou marcada pelos açoites, seu rosto, pelas noites maldormidas, mas dentro dele havia uma energia inesgotável. Muitos têm motivos para serem felizes, mas são tristes e ansiosos. Paulo teve todos os motivos para ser triste e tenso, mas tornou-se um ser humano feliz e sereno.

Nos últimos anos esteve preso em Roma. Mas sua boca nunca se calou. Na prisão, continuava a falar. Fazia reuniões, convocava os judeus e os romanos. Muitos soldados romanos, até os de alta patente, entraram nos sonhos de Jesus. Diversos guardas encarregados de vigiá-lo mudaram para sempre suas vidas.

Quando houve a primeira grande perseguição em Roma, Nero teve a grande oportunidade de ceifar a vida do homem que embriagava os romanos com o sonho da eternidade. Numa situação desesperadora, o imperador enviou dois dos seus fortes escudeiros, Ferega e Partêmio, para silenciar o dócil Paulo. Onde estava Paulo nesse momento? Ensinando.

O ambiente em Roma era tenso. Os cristãos eram vistos como portadores de lepra. Os dois carrascos se aproximaram e o viram ensinando ao povo. O momento era comovente. Ao levarem o discípulo, algo aconteceu dentro deles. Ficaram contagiados com o que ouviram. Numa atitude surpreendente, pediram ao próprio Paulo que orasse por eles, para que pudessem crer. Paulo fitou-os e disse-lhes que em breve creriam sobre seu sepulcro. Estava consciente do seu fim e de que sua morte ainda geraria frutos.

Pouco tempo antes, ele havia escrito uma carta aos filipenses revelando um destemor sem precedentes em face da morte. Viveu uma vida intensa. Sofreu muito, mas amou mais ainda. Atravessou o vale da angústia, mas bebeu da fonte da alegria.

Paulo foi tão alegre e realizado que teve a coragem, mesmo estando preso, de ordenar aos seus leitores que fossem alegres: "Alegrai-vos sempre." Que mistério é esse que tornou felizes homens em situações miseráveis? Que segredos se escondiam no secreto dos espíritos que os faziam bem-aventurados, e não desesperados?

Paulo também sonhava com uma pátria superior. Nesta terra, ele se considerava um hóspede temporário, pois seu coração procurava um reino de alegria, paz e justiça. Os soldados de Nero o conduziram para fora da cidade. Lá, ele orou, conversando com o Deus que nunca vira, mas que morava no âmago do seu ser.

Após esse momento, despediu-se dessa vida tão bela e complexa, tão rica e cheia de decepções, tão longa e, ao mesmo tempo, tão breve. Como tinha cidadania romana, não foi crucificado. Na sua juventude, fizera morrer muitos seguidores de Cristo, agora tinha chegado a sua vez. Com uma coragem esplêndida, ofereceu o seu pescoço aos carrascos e foi decapitado.

Talvez muito poucos tenham amado tanto a humanidade como Paulo. Aprendeu com o Mestre do Amor a valorizar cada ser humano como uma joia única. Considerou escravos, pobres e excluídos tão importantes quanto reis e nobres.

Cortaram sua vida, mas não cortaram seus sonhos. Morreu por eles. O que Paulo escreveu sobre Jesus Cristo incendiou o mundo. A história jamais foi a mesma depois de suas belas, profundas e poéticas cartas.

Pelo que vale a pena viver?

Era de se esperar que as pessoas do século XXI fossem alegres, soltas, divertidas, por causa da poderosa indústria do lazer a que têm acesso. Mas eis que as pessoas se encontram estressadas, bloqueadas e tristes. Era de esperar que o acesso à tecnologia e aos bens materiais fizesse as pessoas disporem de mais tempo para si mesmas. Mas raramente elas gastam tempo com aquilo que amam.

Apesar de vivermos espremidos em sociedades populosas, a proximidade física não trouxe proximidade emocional. O diálogo está morrendo. A solidão virou rotina. As pessoas aprendem durante anos as regras da língua, mas não sabem falar de si mesmas. Os pais escondem as suas emoções dos seus filhos. Os filhos ocultam suas lágrimas dos pais. Os professores se escondem atrás do giz ou dos computadores. Psiquiatras e psicólogos procuram resolver, sem sucesso, a solidão, pois ela não pode ser tratada entre as quatro paredes de um consultório.

Os seguidores de Jesus não possuíam dinheiro, fama e proteção, mas tinham tudo o que todos os seres humanos sempre desejaram. Tinham alegria, paz interior, segurança, amigos, ânimo. Cada um deles viveu uma grande aventura.

Tiveram grandes sonhos e coragem para correr riscos e transformá-los em realidade. Talvez jamais tenha existido na terra pessoas tão realizadas, sociáveis e satisfeitas. Não tinham nada, mas possuíam tudo. Eram discriminadas, mas cercadas de inúmeros amigos. Em alguns momentos parecia que tinham perdido a esperança e a fé, mas cada manhã era um novo começo. Cada derrota, uma oportunidade para aprender, crescer e continuar no caminho.

Sofreram como poucos, mas aprenderam a não reclamar. De suas bocas saía um agradecimento diário pelo espetáculo da vida. Não exigiam nada dos outros, mas davam tudo o que tinham. Foram tolerantes com seus inimigos, mas seus inimigos foram implacáveis com elas. Tornaram-se amantes da paz, foram pacificadoras dos aflitos, compreenderam a loucura dos que se consideravam lúcidos. Foram felizes numa sociedade desumana.

Na juventude sofriam de inúmeros traumas, mas o vendedor de sonhos fez algo que deixa boquiaberta a ciência moderna. Ele as transformou no grupo humano mais inteligente e saudável. As cartas que escreveram revelam características de personalidade que poucos psiquiatras e psicólogos conquistam. Os sonhos que viveram vão ao encontro dos mais belos sonhos da filosofia, da psicologia, da sociologia, das ciências da educação. Mostraram que vale a pena viver, mesmo quando tiveram a vida ceifada.

Vamos parar e refletir um pouco. Será que nossa vida alcançou um grande significado? Jesus demonstrou de muitas formas a grandeza da vida. Será que compreendemos seu valor?

Quem somos? Somos fagulhas vivas que cintilam durante poucos anos no teatro da vida e depois se apagam tão misteriosamente quanto se acenderam. Nada é tão fantástico quanto a vida, mas nada é tão efêmero e fugaz quanto ela. Hoje estamos aqui, amanhã seremos uma página na história. Um dia todos nós tombaremos na solidão de um túmulo, e ali não haverá aplausos, dinheiro, bens materiais. Estaremos sós.

Se a vida é tão rápida, não deveríamos, nessa breve história do tempo, procurar os mais belos sonhos, as mais ricas aspirações?

O que faz a vida ter valor? Vale a pena viver? Quais são os sonhos que direcionam nosso rumo? Muitos têm depressão, ansiedade, estresse não só por conflitos na infância, mas pela angústia existencial, pelo tédio tenso que os abate, pela falta de um sentido sólido em suas vidas.

Muitos têm fortunas, mas mendigam o pão da alegria. Muitos têm cultura, mas falta-lhes o pão da tranquilidade. Muitos têm fama, mas não há colorido na sua emoção. Crise existencial, vazio interior e solidão são palavras que não faziam parte do dicionário da personalidade dos discípulos do Mestre dos Mestres.

Quando Jesus agonizava na cruz, disse frases inesquecíveis que inspiraram o centurião romano encarregado do seu martírio. Os carrascos que o ouviram reconheceram sua grandeza e começaram a sonhar. Na morte de seus discípulos, o mesmo fenômeno ocorreu. A dignidade, a segurança e a sensibilidade que demonstraram nos últimos momentos fizeram com que alguns torturadores se curvassem. Que fenômeno interior é esse que deixa extasiadas a sociologia e a psicologia?

Se Nietzsche, Karl Marx e Jean-Paul Sartre tivessem tido a oportunidade de analisar a personalidade de Jesus e a sua atuação nos bastidores da mente dos discípulos, como eu fiz, provavelmente não figurariam entre os maiores ateus que pisaram nesta terra. É possível que se colocassem entre os seus mais apaixonados seguidores.

As sociedades ainda não despertaram para a grandeza da personalidade de Jesus. É impossível alguém fazer o que ele fez e ser apenas um ser humano. Sua vida, apesar de tão simples, era cercada de mistérios. Milhões de pessoas dizem que ele era o filho de Deus. Seus comportamentos surpreendentes e seus milagres confirmam isso. Mas nunca alguém tão grande foi tão humano. Muitos homens querem ser deuses, estar acima dos sentimentos comuns, mas ele se apaixonou de tal forma pela humanidade que quis ser como nós, igual a mim e a você.

A sua personalidade não apenas revela que ele atingiu o auge da saúde psíquica como foi mais longe ainda. Foi o maior educador, psicoterapeuta, socioterapeuta, pensador, pacifista, orador, vendedor de sonhos, construtor de amigos em todos os tempos. Muitos dos líderes religiosos da atualidade que dizem segui-lo desconhecem essas magníficas áreas da sua personalidade.

Analisei a inteligência de Jesus Cristo criticando, investigando suas quatro biografias – os evangelhos – em várias versões. Estudei as intenções conscientes e inconscientes de seus autores. Talvez tenha sido eu um dos raros cientistas que investigaram a personalidade do Mestre dos Mestres.

Minha primeira constatação foi que o homem que dividiu a história não poderia ser fruto de uma ficção humana. Ele não cabe em nosso imaginário. Cristo andou e respirou nesta terra. A segunda consequência da investigação é que a grandeza da sua personalidade expôs as falhas da minha personalidade. Fui ajudado a compreender minhas limitações e minha pequenez.

O terceiro resultado me surpreendeu. Ao analisar o vendedor de sonhos, fui contagiado por ele. Comecei a sonhar os seus mais belos sonhos...

Que a sua vida também se transforme num jardim de sonhos... Mesmo quando os pesadelos vierem, jamais deixe de sonhar.

Foram utilizadas as seguintes versões dos evangelhos: a Bíblia de Jerusalém, João Ferreira de Almeida, King James e Recovery Version.

CONHEÇA OUTROS TÍTULOS DA COLEÇÃO ANÁLISE DA INTELIGÊNCIA DE CRISTO

O Mestre dos Mestres

Ao longo da história, muitas pessoas conseguiram mudar o curso da política, da filosofia, da ciência ou da religião. Houve um homem, no entanto, que foi capaz não só de abalar os alicerces do pensamento como de alterar para sempre a trajetória da humanidade.

Esse homem foi Jesus Cristo e seus ensinamentos geram frutos há mais de 2 mil anos. Sua incomparável personalidade o torna o perfeito ponto de partida para uma investigação sobre o funcionamento da mente e sua surpreendente capacidade de superação.

Em *O Mestre dos Mestres*, primeiro volume da coleção Análise da Inteligência de Cristo, Augusto Cury faz uma abordagem original da vida desse grande personagem, revelando que sua inteligência era bem mais grandiosa do que imaginamos.

Sob o ponto de vista da psicologia, Cury apresenta um fascinante estudo do comportamento de Jesus, iluminando os aspectos mais notáveis de suas atitudes. Não importam quais sejam suas crenças, sua religião, posição social ou condição financeira, a mensagem de Cristo é universal e fala ao coração de todas as pessoas.

O Mestre da Sensibilidade

Em *O Mestre da Sensibilidade*, segundo livro da coleção Análise da Inteligência de Cristo, Augusto Cury apresenta um estudo sobre as emoções de Jesus e explica como ele foi capaz de suportar as maiores provações em nome da fé.

Jesus demonstrou ser um grande mestre na escola da vida diante das angústias que antecederam sua morte, como a traição de Judas, a falta de apoio dos discípulos e a consciência do cálice que iria beber.

O sofrimento, em vez de abatê-lo, expandiu sua inteligência. Através de sua história, Jesus provou que é possível encarar a dor com sabedoria. Apesar de ter todos os motivos para desistir de seu chamado e tornar-se uma pessoa fechada e agressiva, tornou-se um ícone de celebração à alegria, à liberdade e à esperança.

O exemplo de Jesus nos ajuda a melhorar a qualidade de vida e a prevenir doenças psíquicas como a depressão, a ansiedade e o estresse. Analisar seu brilhante comportamento acende as luzes de nossa consciência e nos torna pessoas mais abertas para as infinitas maravilhas da existência.

O Mestre da Vida

Jesus Cristo dedicou seus dias a nos mostrar o caminho da sabedoria e, mesmo no auge da dor física e psicológica, foi capaz de transmitir lições de fé, de amor, de superação e de humildade.

Em *O Mestre da Vida*, terceiro volume da coleção Análise da Inteligência de Cristo, Augusto Cury decifra as profundas mensagens deixadas por Jesus desde a sua prisão e o seu julgamento até a sua condenação à morte na cruz.

Lançando uma nova luz sobre as passagens mais comoventes da Bíblia, Cury nos faz redescobrir esse grande personagem que foi o divisor de águas da história da humanidade. Ele não usava armas nem tinha um exército atrás de si. Sua única arma eram suas palavras e atitudes. Quando falava, arrastava multidões, incendiava corações e destruía preconceitos.

As histórias que você encontrará aqui ensinam que não devemos ter medo de viver, que só nos tornamos verdadeiramente livres quando somos fiéis às nossas e que precisamos ter fé e esperança para superar os momentos difíceis de nossa existência.

CONHEÇA ALGUNS DESTAQUES DE NOSSO CATÁLOGO

- Augusto Cury: Você é insubstituível (2,8 milhões de livros vendidos), Nunca desista de seus sonhos (2,7 milhões de livros vendidos) e O médico da emoção
- Dale Carnegie: Como fazer amigos e influenciar pessoas (16 milhões de livros vendidos) e Como evitar preocupações e começar a viver
- Brené Brown: A coragem de ser imperfeito – Como aceitar a própria vulnerabilidade e vencer a vergonha (600 mil livros vendidos)
- T. Harv Eker: Os segredos da mente milionária (2 milhões de livros vendidos)
- Gustavo Cerbasi: Casais inteligentes enriquecem juntos (1,2 milhão de livros vendidos) e Como organizar sua vida financeira
- Greg McKeown: Essencialismo – A disciplinada busca por menos (400 mil livros vendidos) e Sem esforço – Torne mais fácil o que é mais importante
- Haemin Sunim: As coisas que você só vê quando desacelera (450 mil livros vendidos) e Amor pelas coisas imperfeitas
- Ana Claudia Quintana Arantes: A morte é um dia que vale a pena viver (400 mil livros vendidos) e Pra vida toda valer a pena viver
- Ichiro Kishimi e Fumitake Koga: A coragem de não agradar – Como se libertar da opinião dos outros (200 mil livros vendidos)
- Simon Sinek: Comece pelo porquê (200 mil livros vendidos) e O jogo infinito
- Robert B. Cialdini: As armas da persuasão (350 mil livros vendidos)
- Eckhart Tolle: O poder do agora (1,2 milhão de livros vendidos)
- Edith Eva Eger: A bailarina de Auschwitz (600 mil livros vendidos)
- Cristina Núñez Pereira e Rafael R. Valcárcel: Emocionário – Um guia lúdico para lidar com as emoções (800 mil livros vendidos)
- Nizan Guanaes e Arthur Guerra: Você aguenta ser feliz? – Como cuidar da saúde mental e física para ter qualidade de vida
- Suhas Kshirsagar: Mude seus horários, mude sua vida – Como usar o relógio biológico para perder peso, reduzir o estresse e ter mais saúde e energia

CONHEÇA OS TÍTULOS DE AUGUSTO CURY:

FICÇÃO

Coleção *O homem mais inteligente da história*
O homem mais inteligente da história
O homem mais feliz da história
O maior líder da história
O médico da emoção

O futuro da humanidade
A ditadura da beleza e a revolução das mulheres
Armadilhas da mente

NÃO FICÇÃO

Coleção *Análise da inteligência de Cristo*
O Mestre dos Mestres
O Mestre da Sensibilidade
O Mestre da Vida
O Mestre do Amor
O Mestre Inesquecível

Nunca desista de seus sonhos
Você é insubstituível
O código da inteligência
Os segredos do Pai-Nosso
A sabedoria nossa de cada dia
Revolucione sua qualidade de vida
Pais brilhantes, professores fascinantes
Inteligência socioemocional
Dez leis para ser feliz
Seja líder de si mesmo
Gerencie suas emoções

sextante.com.br